〈寝た子〉なんているの？

見えづらい部落差別と私の日常

上川多実

里山社

目次

はじめに

子どもたちと一緒に、遺品整理士が主人公の韓国ドラマを観ていた時のことだった。

「こういう仕事もさ、日本だと『穢《けが》れ』とか言われたりするのかな」

中学三年生の第一子、芹《せり》がつぶやいた。

「はっきりと『穢れ』として意識されてるかはわからないけど、葬儀関係の仕事がネガティブなイメージを持たれることはあるかなあ」

ほら、駅前のスーパーの近くのあそこの斎場も、できる前は「建設反対」って横断幕が掲げられてたんだよ、と具体的な例を付け加えるべきか否か迷いつつ私が答えると、

「同じように死が関係してる仕事でも、医者とか看護師はそんなにふうには思われないのにね」

やっぱりそれはおかしなことだよね、というニュアンスで芹は言った。幼い頃は少し目を離したら水たまりの水を飲んでしまうような子だったのに、こんな発想が出てくるほどに成長したのかという感動と、小学四年生の第二子、遊《ゆう》も含め、子どもたちと一緒に特別なこととしてではなく日常の中で当たり前にこういう話をしているということの感慨深さに、胸の奥がジン

とした。

「こういう話」とは、私たち家族のバックグラウンドである「部落」にまつわる話のことだ。江戸時代以前の身分制度のもと、穢れているなどとされ、社会の中で重要な役割を担いながらも身分制度の下、かつ外側に置かれた賤民《せんみん》身分の人々が暮らしてきた地域のことを「被差別部落」という。略して「部落」と呼ばれることも多い。芹との会話で「死が関係してる」とあったのは、死や血液に触れることがかつては穢れのひとつとされており、賤民身分の人たちの仕事とかかわりが深かったからである。

私たち家族はその「部落」にルーツがある。私は関西の部落出身の両親のもと、東京の、部落ではない地域で生まれ育った。そして今、自分が生まれ育った町で二人の子どもと暮らしている。子どもたちも私も、賤民身分にルーツがあるが、部落には住んでいないという立場だ。

自分の祖先がどんな身分だったかなんて、知らない人やわざわざ気にしたことすらないという人も多いと思う。でも、私はずっと気にせざるを得ない人生を歩んできた。なぜならば、部落に住んでいたり、賤民身分にルーツがあったり、そうみなされた人々への差別、「部落差別」「部落問題」がこの社会に存在するからだ。

こういう話をすると、「じゃあ、あなたは部落差別を受けた経験があるんですか?」と聞かれることがある。そして私はいつも、この手の質問にどこからどう答えていいのかわからず困ってしまう。そもそも、ここで問われている「差別を受ける」とは一体何を指すのだろうか。

たとえば私が「『部落差別って西日本にあるやつでしょ?』とよく言われること」と答えたら、質問の主は納得するだろうか。「学校で部落問題について教えてもらえなかったこと」「そもそも周りの人たちが部落について知らないこと」「『部落差別なんてもうない』と言われること」と答えたら……。おそらくほとんどの場合、「なるほど!」という反応は返ってこないはずだ。それどころか、私が言っていることの意味がわからないかもしれない。私が受けてきた差別は、「いじめられた」とか「結婚に反対された」というような「わかりやすい」ものではない。それがなぜ差別なのか一見わからないようなものがほとんどだ。正直に告白すれば、私自身、つらい思いをしながらも、その経験を「差別だ」とはっきり言ってしまってもいいのか確信を持てないまま、でもじゃあこれが差別でないとするなら一体なんなのだと、ずっとモヤモヤを抱えてきた。私がつらいと感じてきたこういう類《たぐ》いの差別は「マイクロアグレッション」と呼ばれていて、わかりにくく、説明しづらいものだからこそ、差別される側を苦しめる性質があると知ったのは、つい最近のことだ。

私は、東京で生まれ、学校の授業では部落差別について教えてもらえず、そもそも部落という言葉すら知らない友人たちに囲まれながらも、家の中では部落差別について見聞きしながら育った。部落差別というのは昔のことだとか、西日本によくあるものだと思われがちな社会の中、家の中と外とで部落差別との向き合い方にかなり違いがある環境で、その違いに戸惑い、苦しみながら暮らしてきた。

そして今、自分が育った町で、同じような状況の中、二人の子どもたちを育てている。子どもを育てるだけでも大変なのに、さらに「子どもに部落をどう伝えるか」が上乗せされたことで、私の子育てへの不安とプレッシャーはより大きいものになってしまった。だからこそ、子育てを始めてから十五年が経《た》った今、子どもたちと冒頭の会話をするような関係になれたことが感慨深かったのだ。

この本は、私の子ども時代と、子どもが生まれてからの私と子どもの暮らしから「部落問題」について綴ったエッセイだ。時代によって、地域によって、部落差別の表れ方は様々だから、この先に綴ってゆく私の身に起きたあれこれは、すべての部落出身者に共通する話ではないし、部落出身者の中にはまったく自分とは経験も考え方も違うという人もいるだろう。あくまでも私の、私が見て感じてきた経験についての話だ。

こんなふうに、差別について書いている本だと宣言してしまうと、なんだかつらくて悲しい話だと思われてしまうかもしれないが、そう感じる人にこそ、ぜひ最後まで読んでほしい。私はできるだけ、差別というものから目を逸《そ》らさず、向き合いながら生きてきた。その中で見えてきたつらさや悲しみだけではない景色を、一緒に見てほしいのだ。

1

「部落解放運動」の家に生まれて

おじいちゃんの爪

祖父の手には爪がなかった。自分とは違うそれが少し怖くて、でも気になって仕方なくて、子どもの頃は祖父に会うたびに「おじいちゃんの手、爪生えてきた？」と聞いては手を見せてもらっていた。いつ見ても爪は生えていなかった。

母方の祖父母は和歌山に住んでいて、春夏冬の学校の長期休みは半分以上を四歳上の姉、一歳下の妹と三姉妹で、祖父母の家で過ごした。玄関の鍵がいつも開いていて、「い」にアクセントのある「まいど」という声とともにしょっちゅう人がやってくる家だった。朝寝ていたら寝室の扉がバンッという音をたてて開けられて、

「あら、あんたらまた来てんの。よう来たな。もう遅いで。起きや」

と、よく家に来るおばちゃんに起こされることもあった。祖父母と一緒に外に出れば、行く先々で誰かしらに祖父は「大将」祖母は「あーちゃん」と声を掛けられ、そのたびに立ち話が始まる。近所のお好み焼き屋に行くと祖母は勝手にお店の厨房の中に入って水を持ってきたり、お皿を洗い始めたりする。お客さんが増えてきて忙しくなってくると、

「さて、何にしましょ？」

そう言って祖母が勝手に注文を取っていたこともあった。でも、誰も咎《とが》めることもなく、それが当たり前といったふうだった。東京で生まれ育ち、近所の人たちともそんなに親しく付き合っていたわけではない子どもの頃の私は、ここの人たちはなんでこんなに厚かましいんだろうと思っていたが、今改めて言葉にすれば、コミュニティ内の結びつきが強くて人と人との距離が近いということになるのだろう。

祖父母は自分達が経営する「こうば」で働いていた。私が暮らしている環境では工場のことを「こうじょう」と読んでいたから、「こうば」が工場を指す言葉なのだということを小学校の中ごろまで知らなかった。工場《こうば》は、危ないから子どもは入ってはいけないと言われ、いつも入り口からちょっとだけ覗くことが許された。中では大きな木の丸い樽《たる》のような機械がぐるんぐるんと回っていて、「太鼓《たいこ》」と呼ばれているそれが特に危ないらしい。ごく稀に二階の事務所に行くことが許されたが、その時にも入り口から階段までの直線を通って、太鼓には絶対に近づかないように歩いて行きなさいと言われていた。その時にちらっと見える工場の中には青い色の革が積んであって、屋上ではそれがずらーっと列に並んで干されていた。近所には同じような建物がいくつもあって、屋上を見ればそこが工場なのかどうかはすぐにわかる。工場は独特のにおいがして、それは外にまで広がっていたから、工場の近くを通るときにはいつもこっそり息を止めていた。祖父が部屋で「ブッ」とおならをしたらみんな「くさい！」とか

「逃げろ!」とか「うちわどこ?」とか言いながら大騒ぎをするのが祖父母の家ではよくある光景だったのだけれど、外に行って工場のにおいを感じても、誰もくさいとか逃げろとか言ったりはしない。工場のにおいをくさいと声に出していうのは良くないことだというのはなんとなくわかるし、大人たちが工場のにおいを「くさい」と表現することに敏感だということも私は知っていた。でも、くさいものはくさいのだ。だからこっそり息を止める。時を経てこのにおいが愛《いと》しくて仕方のないものになることを、この頃の私は想像だにしていなかった。

祖父は身長が高くて恰幅《かっぷく》もよく、威圧感があるとまでは言わないが近寄りがたい雰囲気をまとっていた人だった。孫である私に声を荒げることはほとんどなかったが、私がわがままを言うと祖母から「そんなこと言ったらおじいちゃんに怒られんで」とか「お願いやからおじいちゃんを怒らせるようなことはせんといて」という叱られ方をすることがあり、祖父が祖母に対して高圧的であることは感じていた。両親が共働きで、家事も育児も分担し、どちらかというと怖いのは母であり、父はめったに怒ることのない家庭で育った私からすると祖父はちょっと怖い存在で、あまり自分から話しかけることはしなかった。それでも祖父に会うたびに爪のことを聞けたのは、この話をするときの祖父は嬉しそうでもあり、優しかったからだ。

「爪、生えてきた?」

そう尋ねる私に、祖父はいつもいつも答えてくれた。

「爪はね、生えてくる前に溶けてしまうんよ。それやからおじいの手にはいっつも爪がないの。

おじいの仕事は皮なめしやろ？　牛の皮を、こういう、かばんとかベルトとかで使うような革にしてんの。工場《こうば》で。そん時に使う薬とか作業とかで爪がなくなってしまうんやけど、おじいはこの仕事が大切な仕事やと思てるし好きやから、この爪がない手はおじいにとっては自慢の手なんよ」

祖父母の家は被差別部落の中にあった。私がこのことを知ったのは小学校六年生の時だった。私は幼い頃から、親に「あんたは部落民なんやで」と聞かされて育ってきた。部落民というのは、昔身分制度があった頃に「えた」とか「ひにん」とか呼ばれて身分が低いとされていた人たちの子孫のことで、父も母も私もそれに該当するのだと。だから私はずっと、えた・ひにんの祖先を持つ人のことを部落民というのだと思っていた。もちろんそれも間違いではないのだが、大事なことを教わっていなかった。部落民の「部落」が、地域や集落を指す言葉だということだ。

何がきっかけだったのかもはや忘れてしまったが、その「部落民」の「部落」がどういう意味なのかを母に聞いた時の衝撃と混乱は今でも鮮明に覚えている。

「部落っていうのは人が住んでるところっていう意味だよ」

「じゃあ部落民って、人が住んでるところの人って意味になるじゃん。そしたらみんな部落民ってこと？」

「そうじゃなくて、部落民の部落は、本当は被差別部落っていうの。差別されてるところっていう意味。それじゃ長いから、被差別を省略して部落。そこに住んでる人のことを、人たちっていう意味の民を付けて、部落民って言ってるの」

「じゃあ、今住んでるここも部落？」

「違うよ」

「だって、部落民の私たちが住んでるじゃん」

「部落民が住んでたら部落なんじゃなくて、もともと部落に住んでた人たちとか住んでる人たちを部落民っていうの。お父さんもお母さんも部落で生まれ育ったんだよ。今は東京に出てきたから住んでないけど」

「じゃあ部落民ってみんな部落に住んでるの？」

「そんなこともないかな。お父さんとかお母さんみたいに地元を出て暮らしてる部落民もたくさんいるし、あんたたちみたいにそういう親の元に生まれて部落に住んでない部落民もいるし」

「その、部落ってとこに、多実《たみ》、行ったことある？」

「あるよ」

「どこ？」

「いろいろあるけど、たとえば和歌山のおじいちゃんちとか」

祖父母の家の周りの光景を頭の中に浮かべてみる。祖父母の家があって、工場《こうば》があって、優しいおばちゃんがいる商店があって、その先にはスーパーがある。「なるほど、あそこが差別されている地域なのか」という納得感はまったくなく、正直ピンとこなかった。東京の私が住んでいる地域と、和歌山の祖父母の家の周辺。違うと言えば違うけど、街なんてどこも違うし、人が住んでいるという意味では同じだ。どっちも「ふつう」の街の光景だ。でも一方は被差別部落と呼ばれて差別をされる地域で、一方はそうではない。すごくモヤモヤする。よくわからない。でも、祖父母の家周辺は部落と呼ばれる地域なのだということを知識としては頭にインプットした。

祖父は皮なめし工場が立ち並ぶ、その「部落」と呼ばれる地域で生まれ育った。戦後皮なめしの工場を立ち上げたが、知人の借金の保証人になっていたことで自らも借金を背負うことになり、倒産。その後大阪へ移り借金返済の日々を経て、母が大学進学に伴い上京した後に、またこの部落に戻り工場を始めたのだそうだ。母曰く、野心家で人に使われるのが嫌だった祖父は、起業するのが性に合っていたのだろうということだった。

祖父は、起業するからには人と同じことをしていたら儲からないと、研究を重ねて安くて強い革をつくり、有名企業に卸すまでになった。「金もうけが好きだった」と母は言う。とはいえ、皮革産業はかつて賤民身分の人々が従事していた仕事のひとつで、部落産業と呼ばれたりもする。皮なめし工場を経営しているということは、自らが部落民だと自動的にカミングアウトしているようなものだ。だから部落産業から敢えて離れる人もいるし、部落から出ていく人もいる。それなのに祖父はわざわざ自分が生まれ育った部落に戻り、皮なめしの工場を立ち上げた。

「金もうけのため」だったのかもしれない。でも「死んだ動物を無駄にしたらあかん。愛情をもって扱わなあかん」と口癖のように言い、革を卸している企業のロゴを街中で見かけると「おじいはあそこに革を卸してるんやで」と嬉しそうに話す祖父は、この仕事が大好きで、プライドを持っているように見えた。その証《あかし》が爪のない手だったのだろう。だからいつもあんなに誇らしげに、爪のない手を見せてくれていたのだと思う。

「これはおじいの自慢の手なんよ」

そう言った後、

「触ってみる?」

と聞かれたことが何度かあったけど、怖くて触ることができなかった。触っておけばよかったなと今は思う。

大きくなったら何になる？

　保育園の年中の時だった。

「たみちゃんは将来どんな仕事がしたい？」

　夕方の自由遊びの時間に担任の先生に呼び止められ、尋ねられた。一人ひとりの将来の夢を先生が代筆してクラスの壁に貼り出すための質問だった。

「しぶで働きたい」

「しぶってなあに？」

　先生は私に聞き返す。

「お父さんが、働いてるところだよ」

「お父さんと働きたいの？」

「違う。しぶで、お父さんみたいに働きたいの」

「お父さんはどんな仕事してるの？」

「わかんないけど、しぶで、働いてる」

「うーん、なんだろう、しぶって。お母さんじゃダメ？」

「お母さんでもいいよ」

「お母さんはなんのお仕事してるの？」

「書店だよ」

「書店！　じゃあ大きくなったら本屋さんになりたいって書いていい？」

「本屋さんに、なりたいわけじゃないの」

困り顔の先生。その後のやり取りはよく覚えていないが、後日保育園のクラスの壁には、【おおきくなったら、おかあさんのおしごとのおてつだいがしたいんだあ。たみ】

先生の字でそう書かれた紙が貼られていた。

当時「しぶ」で働いていた父は三重県の被差別部落の出身だ。父は、子どもの頃から親に「迷子になってどこから来たのか聞かれたら、隣町の名前を言いなさい」と、自分が部落に住んでいることを隠すように言われて育った。だが、仕事の関係で東京に住むようになったことをきっかけに部落解放運動に参加し、のちに部落解放同盟足立支部の職員になった。部落解放運動とは部落差別をめぐる状況を改善していくための社会運動であり、部落解放同盟とは、部落解放運動をする当事者の全国組織である。東京には私が住んでいる足立区など八つの区と二つの市に支部がある。先生に通じなかった「しぶ」はその「支部」のことだ。

「書店」で働いていた母は祖母が生まれ育った大阪の被差別部落出身で、大学進学のために上京した。母には中学時代、部落問題に理解があり、支えてくれた恩師がいた。部落問題についてあまりよく知らずにいた母に部落について初めてきちんと教えてくれたのがその先生だったのだそうだ。生徒に寄り添い、支えてくれるその人のような教員を目指していたが、結婚と妊娠をきっかけに教員の道は諦めた。恩師のように生徒と向き合おうとしたら自分の子どもと過ごす時間がなくなってしまうと危惧してのことだったと聞いている。私が保育園に通っていた当時は、部落解放同盟の系列である「解放書店」というところで働いていた。「書店」はその解放書店のことなのだが、いわゆる街の本屋さんではなく、部落問題や人権に関する本を専門に扱う書店であり、機関紙の編集作業などもしていた。

私はそんな両親のもと、一九八〇年に生まれた。四歳年上の姉と私、一歳年下の妹との五人家族で、足立区内の団地で暮らしていた。

子どもの頃の記憶を呼び覚まそうとすると、真っ先に思い浮かぶ光景がある。私が保育園に通っていた当時は父が時短勤務をして母の方が遅く帰ってくるという生活で、夕方、保育園や学校から帰宅した私たち子どもは居間兼寝室で遊び、父は台所で洗い物を始めるというのが毎日のルーティーンだった。

「お腹《なか》すいた」

洗い物をする父の後ろ姿に近づくと、

「じゃあ、ここからお金持って行って」

父がそう言って腰を揺らす。父が家に帰ると穿《は》き替える、エメラルドグリーンのタオルみたいな生地のショートパンツのポケットから、チャリンチャリンと音がする。ちょうど私の目の高さにあるそのポケットの中には、いつも黒い革製の小銭入れが入っていた。

「白いお金でもいい？」

まだ大きな数字が読めない私は百円玉や五十円玉を「白いお金」、十円玉を「茶色いお金」と呼んでいた。

「白いお金でもいいよ」

「穴空いてないやつでもいい？」

「いいよ」

うまくいけばこんなふうに百円を獲得できる。日によっては小銭入れの中に十円玉が数枚しか入っていないこともあり、そんな日はその数枚の十円玉を持って近所の駄菓子屋へ向かうことになるから、いつも「白いお金が入ってますように」と願いながら小銭入れを開けていた。父はいつも、振り向くことも、自分で小銭入れを出してお金を渡してくれることもなかったし、私もまだ小さくて父とはそもそも目線が合わなかったから、私の目に入るのは父のエメラルドグリーンのショートパンツの後ろ姿、つまり父のお尻《しり》だった。台所に立つエメラルドグリーンの父のお尻が、私の原風景ともいえる。めったなことでは私たち子どもを叱ることがない、優しい、というか、子どもたちに甘い父親だった。

母は、まるで友だちのように家の中でかくれんぼをしたり、ゲームをしたりして一緒に遊んでくれる人で、私はその時間が大好きだった。一方で、私たちが駄々をこねたり、きょうだいゲンカをしたりすると表情が硬くなり、カミナリを落とす、怖い存在でもあった。そうなってしまうと手を出されることも、家の中から締め出されることも日常茶飯事だった。母はときどき、夜寝る前にふとんの中で自分が子どもだった頃の話を聞かせてくれた。トタンで出来た家に住んでいたから、雨が降ったら会話が聞こえなくなるくらいの音がするし、雨漏りもするから家じゅうあちこちに茶碗やお椀を置いてそこに雨を溜《た》めたこと。朝起きると家には誰もいないから、小学校一年生の時から自分で朝ご飯を作って学校に行っていたこと。ときどき近所の人がご飯を食べさせてくれたこと。母はいつも生き生きとそれらの思い出を語っていたし、私もテレビが白黒だったことと同じような驚きをもって昔話として楽しく聞いていたけれど、今振り返れば、そこには、高度経済成長からも差別ゆえに取り残された部落の姿も見えてくる。

父も母も関西の部落で生まれ育っているが、私たちが住んでいたこの東京の団地は部落ではない地域にあった。とはいえ、両親ともに部落解放同盟で仕事をしており、熱心な活動家だったため、家の中での部落解放運動の存在感は大きかった。両親に連れられてデモや集会に行くことは私にとって日常だったし、「ビラ撒《ま》き」にも行った。部落差別に関する事件について書かれた文章が載っているチラシを駅などで配るのだ。子どもの私が「おねがいしまーす」と言いながら配ると微笑《ほほえ》みながら受け取ってもらえることが多く、照れながらも得意気にやっていた。もちろんそこに何が書かれていたのか、当時はよくわかっていない。デモも、「差別糾弾」と声を張り上げながら歩く大人たちの中で「差別《さべつ》」の部分を「キャベツ」に言い換えて、いかに大人たちの声にタイミングよく「キャベツ」と被《かぶ》せられるかという遊びをしたり、デモの様子を撮影するカメラを見つけてはわざと写りに行ったりしていた。

そんな家庭環境だったから、「多実」という文字の並びが「たみ」と呼ばれている自分の名前だと認識したのがいつだったのかわからないのと同じくらい、自分が「部落民」だという認識は物心ついた時には当たり前のものとして私の中にあった。

「日本には部落民を差別する部落差別というものがあって、あなたもいつか差別されることがあるかもしれない。でも差別はする方が悪いのであってされる方は何も悪くないから、堂々と胸をはって差別に負けずに生きていきなさい」

両親からは繰り返しそう言われてきた。「差別」がなんなのかはあまりよくわからない。ただ、「いけないこと」で、「そのいけないことをなくすためにお父さんとお母さんは働いている」というくらいの認識だった。それでも「部落民」という言葉には自分も含まれていて、それはお父さんとお母さんがすごく大切に思っていることなんだということは、当時保育園児だった私にも、すでに認識できていた感覚だった。

だから、保育園で先生に将来の夢を尋ねられた時も、大好きな両親の、私にとってとても身近なその仕事が真っ先に思い浮かんだのだった。しかし当時四歳の私は両親の仕事が、いわゆる「一般的」ではないということを知るはずもなく、当たり前のものとして先生に話し、すれ違いのやり取りをすることになったというわけだ。

ちなみに、なぜ「支部で働きたい」と答えたのかというと、当時父が働いていた足立支部には応接セットがあり、自宅にはないふかふかのソファがあった。私はそのソファの上で跳ねて遊ぶのが好きで、支部で働けばいつでもあのソファで遊べると思っていたからだ。先生からの提案で母の仕事でいいと言ったのも、母が働いていた書店の前に汲《く》み上げ式の井戸があり、その仕事に就けばいつでも井戸で遊べると思っていたからだ。一般的な本屋さんになりたいわけではなくて、母が働いている「書店」で働くことが重要だった。だから、「おかあさんのしごとのおてつだいがしたいんだあ」は、間違いではないけれど、私の想いを正確に表すものでもなかった。自分の名前で書いてはあるけれど自分が話したことではないという違和感と、私の希望はどうしてそのまま書いてもらえなかったんだろうという落胆と、それは本当の私の気持ちではないから嘘をついてしまったことになるのではないかという罪悪感のようなものがないまぜになって、その紙が掲示されている間中、私は居心地の悪さを感じていた。

そして、この時感じたのと同じような違和感や落胆や居心地の悪さは、その後の私の人生にもずっとついてまわることになる。

「歌ってはいけない歌」君が代

「今日は夜、集会行くからね」

朝ご飯を食べていると、そう両親に告げられる日があった。そういう日は早めに夕食を済ませて集会へ向かう。会場は、普段はコンサートや演劇を上演しているような大きなホールであることが多く、私たち子どもは、広い客席のどの位置に親たちが席をとったのかを確認してからロビーに遊びに行く。すると大抵は同じように親に連れてこられた子どもたちが遊んでいて、一緒に会場近辺を探検したり、どろけいをしたり、おやつを持ち寄って食べたりした。集会では舞台の上で誰かが話をしているのだけど、その後ろのカーテンと壁の間には入ってもバレない道があるんだよと誰かが言えばその道を見つけ出し、大騒ぎで走り抜けて叱られた。どろけいが白熱すると絶対に会場内に逃げ込む子がいて、会場の中で追いかけっこが始まり、誰かの親に気づかれてみんなまとめて叱られたりもした。前から知っている子もいれば知らない子もいたが、集会に行けば学校の友だちとは違う子たちと遊べるのが毎回楽しかった。

しかしひとつだけ困ったことがあった。集会に行った日はテレビが観られないのだ。観たい番組はビデオ録画をしていたものの、リアルタイムでは観られないため、翌日の学校での友人たちとの会話に入れない。小学校の三、四年生くらいの頃だったと思う。いつも話題にしているテレビ番組について話そうとする友だちに、私は言った。

「昨日の夜出かけてたから、ビデオは録《と》ったけどまだ見てないの」

「どこに行ってたの？」

「集会」

「え？ 集会ってなに？ 暴走族とかのやつ？」

「違うよ。集会、行ったことないの？」

「うん。集会ってどういうことするところ？」

「お父さんとお母さんは会場の中に入って誰かの話を聞いてるんだけど、私たちは外で集会に来た他の子たちと遊んでるの。楽しいよ」

「へえ、私も行ってみたいな」

友達のリアクションに嬉しくなった私は、帰宅してから両親に尋ねた。

「今日〇〇ちゃんがね、私も集会に行ってみたいなって言ってたんだけど、次の集会の時に誘ってもいい？」

両親は「どうかな〜」とかなんとか曖昧《あいまい》に言葉を濁しながら、苦笑いしていた。

「〇〇ちゃんね、集会行ったことないんだって！」

私が食い下がると、横で話を聞いていた姉が呆《あき》れたように笑いながら言った。

「集会なんてふつうの人は行ってないんだよ、知らないの？」

そうか、みんなが集会に行くってわけじゃないのか。学校の友だちとも集会で遊びたかったけどそれが実現することはなさそうだ。私はがっかりしつつも、これからは友だちには「集会」とは言わずに「お父さんとお母さんの仕事についていった」と翻訳しなければいけないんだなと頭に叩《たた》き込んだ。保育園の頃、先生に通じなかった「しぶ」と同じだ。家の中では通じるけど、家の外では通じない言葉がこの世にはいくつもあるということを、この頃の私はだんだん認識するようになっていた。両親の仕事も、なんて翻訳したらいいのか悩んだ挙げ句、父に尋ねたところ、返ってきたのは「団体職員」という回答だった。「団体職員って何？」と友だちに聞かれたら、「よくわかんないけど、団体に勤めてるってことだよ」と答えていた。そうやって翻訳するたびに思い出したのは、保育園の頃「おかあさんのおしごとのおてつだいがしたいんだあ」と書かれた時の感覚だった。なんだか嘘をついているような居心地の悪さを感じるのだが、そのまま伝えたのでは伝わらないのだからどうしようもない。

そんなふうに、普段は深く考えないようにして、言葉を翻訳することでやり過ごしていた家の中と外のズレが強烈な苦しさとなったのは、小学校六年生の時の、音楽の時間でのことだった。音楽の授業は担任ではなく、音楽専科の先生から音楽室で受けることになっていて、私はいつものように休み時間中に自分の教室から音楽室へ向かい、着席してクラスメイトとおしゃべりをしながら授業が始まるのを待った。授業開始のチャイムが鳴ると、教室にはピリッとした空気が流れ、シーンと静まり返る。音楽専科の先生は「けじめを大切にしなさい」が口癖のような人で、以前、チャイムが鳴っても気づかずにしゃべり続けたクラスメイトが教室から出されそうになったことがあった。チャイムが鳴った後に先生は何も言わず、ただ私たちの正面に立って無表情で黙っているだけだったが、そのただならぬ雰囲気に気づいて、ひとり、またひとりと口を閉じていくという異様な光景が繰り広げられ、私は震えあがった。その日もその時と同じように、先生は何か言いたげな雰囲気をまといながら教室前方のピアノの前に立った。

「今日は卒業式で歌う歌の練習の一環として、君が代の練習をします」

思いがけない先生の言葉に、自分の心臓の音が急に大きく聞こえだした。先生は続けた。

「君が代っていうのはもともと『古今和歌集』に載っていた和歌がもとになっていて、あなたの幸せがずっと続きますようにっていう、とても素敵な歌だって先生は思ってるんです。でも、世の中には宗教的にとか家庭の事情とか、先生は正直そういうのよくわからないけど、いろんな理由でこの歌を歌いたくないという人がいるということも知っています。そういう人に無理やり歌わせるということはしたくないので、もしこの練習がしたくありませんという人がいるなら今から五分待ちますから、その間に先生のところに来て知らせてください。そうすれば練習に参加しなくてもいいです」

自分の心臓の音がますます大きく、早く聞こえてきて、指先が冷たくなっていく。先生の後ろにある時計をじっと見る。あの針が五分後を指すまでに私は結論を出さなければいけない。

私にとって君が代は、「歌ってはいけない歌」だった。両親が事あるごとにこう言っていたからだ。

「身分制度は明治時代に廃止されたことになっているけれど、天皇制という形で今も残っている。『下』の存在として差別を受けてきた部落民であるお父さんとお母さんは身分制度に反対だから、『上』の存在である天皇がいることにも反対している。その天皇がいるこの世の中がいつまでも続きますようにという内容の君が代が事実上国歌として扱われて歌われるのは間違ってる（一九九九年に国旗国歌法が成立するまでは君が代は日本の正式な国歌ではなく、私が小学校六年生の時点では『事実上の国歌』であった）」

これは私が大人になってから理解したことだが、もともと君が代の君は「あなた」の意味であったという。しかし明治以降、国歌に準ずるものとして歌われるようになってからは「天皇」であると意味付けがなされてきた。

我が家ではテレビを観ていて君が代が流れるとチャンネルが変えられてしまうことがたびたびあった。父と母が部落民としての尊厳をかけて、君が代に、天皇制に異議を唱えているのだということは理解していたから、テレビから君が代が流れてくると私の方から率先してチャンネルを変えることもあった。「私だって身分制度も部落差別もおかしなことだと思ってるよ」「お父さんとお母さんの気持ちを理解してるよ」。そう伝えたかった。

「あなたは部落民という立場で、いつか差別を受けることがあるかもしれない。でも、差別はする方が悪いんであって、される方が悪いわけじゃないから、堂々としてなさい。差別に負けちゃだめだよ」

私にそう言ってくれる両親が大好きで、差別に異議を唱え、闘う姿をかっこいいと思っていた。しかし、家の中のそんな「当たり前」は時に家の外では通用しない。私はこの音楽の時間に突如、家の中の当たり前を貫き通すのか、小学校という外の世界での当たり前に順応するのか、その選択を迫られることになったのだった。

どうしよう。どうしよう。どうしよう。ただただ混乱しているうちに、あっという間に時間が過ぎた。先生は君が代の歌詞について、人の幸せを願う内容だと、両親とは違う説明をした。どちらが嘘を言っているのか、解釈の違いなのか、私には判別がつかない。でも、私がこのまま何も言えずに君が代の練習をすることになったら、家に帰って両親の顔をまともに見られないだろうと思った。

「君が代を歌うのを拒否して○○ちゃんは卒業式で着席してたんだって」

「お父さんもお母さんも勇気を出して式典ではいつも着席してるんだよ」

これまで両親から聞かされてきた君が代にまつわる発言が浮かんできて、私の肩にずっしりとのしかかった。大人になった今思うのは、「差別に負けない子になってほしい」という、普段の言動から痛いほど感じていた両親の「願い」は、私にとって「差別と堂々と闘えない子だ

とみなされたら愛されないのではないか」という恐怖と表裏一体だったのかもしれないという
ことだ。

でもだからといって「先生が素敵だと言っているその歌を歌えないと主張するのはこの私です」と、音楽の先生が放つこの強烈に威圧的な空気が充満する教室の中、みんなの前で宣言しなければいけないなんて、そんな勇気、私にはない。

「『正しい』ことをするのって、こんなに大変なことだったのか。でも、『正しい』ことができなければ私は『負けた子』になってしまう。先生は『宗教的にとか家庭の事情とか、いろんな理由でこの歌を歌いたくないという人がいる』と言っていた。ということは、私以外にも君が代を歌えない事情がある人がいるのだろうか。そしたらその後ろから私もついていって『私もです』って言うんだけどな。誰か先生のところに行かないかなー」

クラスメイトに気づかれないようにさりげなく眼球だけ動かして周りの様子を窺《うかが》ってみたけれど、教室の中にそんな気配はどこにもなかった。

「もうすぐ五分経ちます。このクラスには歌えない人はいないんですね。じゃあこのまま練習を始めますよ」

しーんとした音楽室に先生の声だけが響く。

そうか、先生は私に向かって言っているのだ。あなたは「家庭の事情」で歌えないんでしょ、と。だったら堂々と歌えないと私に申し出なさい、と。それならば「配慮」をしてあげると言ってるのに、と。ならば、なおさら私は先生のいるあの場所へ行かなければならない。でなければ、私はせっかくの先生の「配慮」も断ったことになってしまう。意を決して立ち上がろうとすると、涙がぽろぽろこぼれてきた。教室前方に向かって歩き出すと、クラスメイトの視線が私に集中するのを感じた。でもこうするしかないのだ。私は声を絞り出した。

「歌えません」

「わかりました。じゃあずっと座っててていいですよ」

クラスの中に「何が起こったの？」というおかしな空気が流れた。でも誰もそのことには触れず、私以外のクラスメイト全員が起立して、君が代の練習が始まった。私はひとり席に座り、ずっと泣いていた。やがて授業が終わっても、まだ私は泣きながら、音楽室から教室へ戻った。仲良くしていた友だちが、事情はよくわからないけれど、とにかく私が悲しんでいるということだけは理解してくれたようで、休み時間のあいだ、無言で背中をさすり続けてくれた。

こんなふうに君が代を歌うか歌わないかの選択を迫られるのはこのクラスに私ひとりなのだろうか。どうしてみんなにはその選択肢がないのだろう。どうしてみんなは君が代を歌うことを「間違っている」と家で言われないんだろう。みんなのお父さんやお母さんは、身分制度に賛成なんだろうか。部落差別をいけないことだとは思ってないんだろうか。わからないことだらけだった。でも、「支部」とか「集会」という言葉が家の中では通じるけれど家の外では翻訳が必要なように、どうやら私の家の中の常識と外の世界の常識にズレがあるということはよくわかった。家の中と外で同じこともたくさんあるけれど、何かが決定的に違う。そしてそこに私たち家族が「部落民」だということが少なからず関係しているのだということも。

音楽の時間に君が代の練習をしたのはその日が最初で最後だった。体育館で行われる卒業式の練習に音楽専科の先生が参加して集中的に歌の練習をすることはあったが、君が代の順番が回ってきても先生は何も言ってこなかったし、私はあの日のようにひとりで着席するのではなく、周りの子たちと一緒に起立しながらも、歌わないことでやり過ごした。

卒業式当日も、私は君が代を起立しながらも歌わないという選択をした。それが精一杯だった。体育館に君が代が流れる中、起立した私の背中を両親は落胆しながら見ているのだろう。そう思うと罪悪感のようなものが湧いたけれど、あの日の音楽の授業で私の勇気はもう使い果たしてしまった。起立はするけれど歌わない。それが私の精一杯の落としどころだった。

〈部落〉が理由で就職できない!?

いわゆる思春期を迎える頃、私は、「部落民」という、幼い頃から繰り返し耳にしながらも、自分の人生に具体的にどう影響があるのかはよくわからなかったこの言葉の意味が、少しずつわかり始めてきたような気がしていた。部落民であるということは、部落民ではない人に比べて考えなければいけないことや越えなければならないハードルが多いということなんだろう。その実感は中学に入り、さらに深まることになる。

中学二年生の時だった。両親がとある企業名を口にして話し込む姿をよく見るようになった。それは、私の通う中学のクラスにも、親がそこに勤めている子が必ず数人はいる、地元に深く関わりのある企業だった。あまりに頻繁に両親がその企業名を口にするので気になった私は、父に尋ねた。

「あの会社がどうしたの?」

するとと思いがけない回答が返ってきた。

「あそこで就職差別事件があったんだよ」

足立区の公共職業安定所（職安）を通してその企業のパート募集に申し込んだ応募者が、連れ合いの仕事が「同和関係」だということを理由に採用を断られたというのが事の次第だった。「同和」とはもともと「部落」の行政用語として使われていた言葉だ。足立職安の職員が事前にその人の連れ合いの仕事について企業側に伝えていたのだという。採用を断った理由としてのちに企業側は「怖かったから」だと述べている。面接をしてみて応募者が怖かったからではない。応募者の連れ合いが同和関係の仕事をしているということに対して「怖かった」と言っているのだ。もちろん、同和関係の仕事＝怖いというのはまったくの偏見である。だがその偏見で仕事が決まらない、それが就職差別というものだ。

「あれ、待てよ？」

父の話に驚きながらも、私はふと思った。父と母は部落解放同盟で仕事をしている。その企業の論理で言えば、「同和関係」の仕事だ。私も将来こんなふうに親の仕事や、自分の出身が理由で就職できないなんていうことがあるのだろうか。将来やりたい仕事ができたとして、そのために勉強したり努力したりしても、こんなふうに自分じゃどうにもできないことが理由で採用されないとしたら、私は一体どうやって将来の仕事を選んだらいいのだろう。

私が通っていた中学校では、翌年度に控えた高校受験を踏まえて、進路指導が始まりつつあった。既に高校に入学した先輩から、「自分はこんな将来の夢があって、だからこの高校に入ることを決めました」というような体験談を聞く授業が行われたり、先生からも「将来何になりたいのか、そのためにはどんな高校に行くべきなのか、きちんと考えましょう」ということを繰り返し言われたりしていた。

私の学年の先生たちは、すごい熱量で子どもたちにぶつかっていく、いわゆる熱血先生が揃っていた。私の家の事情もそれなりにわかっていたようだったし、ケアしようとしてくれていることは感じていた。それでも、「将来何になりたいのかちゃんと考えておこうね」なんて言われると、「先生は残酷なこと言うよな。私みたいに差別でその道が閉ざされるかもしれない人もいるのに。先生たちの目には私のような立場の人間の存在は入ってないんだな」と思ってしまうようになった。社会の中で少数派であるということは、その社会の「想定内」に入れないということなのだと、私はこの時知った。

同じ空間で同じ話を聞いている同級生たちを見渡して、この人たちはそういう不安を持たずになりたい仕事を純粋に選べるのかな、この人たちが住んでいる世界と私が住んでいる世界とは別物なんだなと、自分とクラスメイトの間に見えない壁があるように感じた。そのクラスメイトの中には、例の企業で親が働いている子もいる。もちろん、だからといってその子たちが差別的だというわけではない。でも、世の中には「あっち側」と「こっち側」があって、今回あの子たちはあっち側で、私はこっち側にいる。そして、あっち側にいる人たちにはこの壁は見えない。同じようにこの教室の中で過ごしていても、私たちは違うんだ。そのことを知りもせずに笑っている人たちがいるんだという現実が、私は受け止めきれなかった。なりたい仕事を見つけてそのために勉強を頑張ったとしても、それが差別でダメになるんだったらそんな無駄な努力はしたくない。落胆がより深くなるだけだ。一体どうしろっていうんだ。

悶々とした思いを抱えていたある日、看護師不足が深刻だという特集がテレビのニュースで放送されていた。私は「これだ」と思った。

「人手不足の仕事だったら私でも就けるんじゃないか。さらに国家資格が必要な仕事なら、もし一カ所で就職差別を受けてもその資格を持ってさえいれば、別のところで働けるかもしれない。ということは、人手が不足していそうな医療職を目指したらいいんじゃないか」

不安や落胆を何とか撥ね除けて生きていこうと、中学生なりに必死に考えた結論だった。

部落差別は就職や結婚など、人生の岐路で表面化しやすいと言われている。部落の出身者が就職によって会社の一員になる、結婚によって家族になるといったように、コミュニティに入ってくることを忌避するのだ。それは、「部落の人は怖い」「部落の人はトラブルを起こす」という偏見にもとづく理由だったり、部落の人がコミュニティ内にいることで自分たちも部落関係者だと見なされて差別を受けたり不利益を被ったりすることのリスクを回避したいといった理由だったりと、様々だ。

私の父は、高校三年生の就職活動時、学校の成績は良かったにもかかわらず、採用試験に落ちまくったという。「ここなら確実に受かる」と先生から紹介された会社ですら落とされ、地元三重で働くことは諦めて、名古屋に出て就職する道を選んだ。地元だと応募書類を見ただけでそこが部落だとわかってしまうと考えたからだった。しかし名古屋の会社が倒産してしまい職を転々とする中で、名古屋のような大都市にも部落差別があるということを目の当《ま》たりにして、驚いたそうだ。その後、大阪で就職した会社の転勤により上京した父は、東京で部落解放運動に出会い、運動の世界に入った。そこで初めて、差別されるのは自分たちが悪いからではないと知ったのだという。

父が就職活動をした一九六五年の時点では、就職差別があるのが当たり前だった。それを証明するかのような話だが、部落の所在地がリスト化された『部落地名総鑑』なるものがつくられ、企業などがそれを購入していたことが一九七五年に発覚した。履歴書の住所や当時は記載欄が存在していた本籍地をそのリストと照合し、部落の出身者かどうかを確かめて合否の判断材料にするためだったと言われている。問題発覚後、法務省が回収し処分したそのリストと同じ性質のものが、その後四十年もの時を経て復刻され、私もやがてその流れに巻き込まれていくことになるのだが、この頃の私はもちろんそんなことは想像すらしていなかった。

結婚差別――会ったことのない父の妹

家から自転車で通えるところに、いわゆる進学校と呼ばれる、ここに入れば医療系に進めるだろうと思える高校があり、私はそこを志望校にした。学校の成績は悪くはなかったから、このままのペースで勉強を続ければ合格はできるだろう。そういう慢心もあってか、私は中三になっても受験勉強に身が入らなかった。両親は普段から勉強に関してさほどうるさく言ってくることはなかったが、一向に勉強している気配のない私をさすがに心配したのか、ある時、父が様子を窺うように声をかけてきた。

「多実ちゃん、受験勉強の方はどうなの？　ちゃんとしてるの？」

「やらなきゃとは思ってるけど、夕ご飯食べてダラダラしてお風呂入ったらもう寝ないといけないし、いつやったらいいのかわかんないんだよね」

勉強に身が入らないまま時間が過ぎていくことに焦りながらも何もしていない自分を見透かされたようで苛立った私は、父の学生時代に話の矛先を向けることにした。

「お父さんはさ、受験勉強とかちゃんとやってたの？　いつやってた？」

「朝だよ朝。勉強するのは朝がいいよ。お父さんは朝、受験勉強してたけど、頭も疲れてないから、朝勉強するとすごく集中できるよ」

受験生のお手本のような父の返答に、自分の怠惰ぶりを指摘されたようで余計に苛立ちが募る。

「早起きとか、私、無理だよ。お父さん、勉強するためにわざわざ早く起きてたの？　そんな真面目な子どもだったの？」

煽るように私が言うと、父は「う〜ん」と少し考えて、エヘへと笑いながら言った。

「お父さんは、朝普通に起きて、学校に行くまでに少し時間があったからその時に勉強してたんだった」

父は何かごまかそうとする時にはいつもエヘへと笑う。

「え？　なにそれ。学校行くまでに時間があるってどういうこと？」

普段の勉強に関しては放任なのに、受験の話題を振ってきたのは父なのだから、ごまかされてはたまらないと、私はさらに追及する姿勢に出た。しかし返ってきたのは思いがけない返答だった。

「お父さんのお父さんは離婚してるでしょ。そのあと再婚して、その人との間に子どもがいたのよ。お父さんにとっての妹が。小学生の頃からお父さんはその妹の世話をすることが多くて、保育園に送っていくのもお父さんの仕事だったの。朝起きてご飯食べて妹を送って行って、家に帰ると学校行くまでに少し時間があったから、その時間に勉強してたんだった」

父に弟がいることは知っていたが、妹もいたとは、この時初めて聞く話だった。

「え？ 妹？ 弟でしょ？」

「弟の下に妹もいるのよ、実は」

衝撃の展開だった。ドラマかよ……。

「知らなかった」

「うん、もう会ってないから。妹が結婚する時に部落の親戚とは縁を切ることが条件だったみたいで、会えなくなっちゃったの」

衝撃に次ぐ衝撃。でも同時に、「ああ、そういうことだったのか」と、妙な納得感もあった。父は、いわゆる「ご対面番組」を見るといつもびっくりするくらい泣いた。お世話になった人や生き別れになった家族など、依頼主の会いたい人を探すというあれだ。捜索過程がＶＴＲで流れ、「さあ、○○さんの会いたい人は、カーテンの向こうに来てくれているのでしょうか！」という煽り文句とコマーシャルの後、スタジオのカーテンが開いて会いたい人が出てくることもあれば、カーテンの向こうには誰もおらず、見つけられませんでした、となることもあった。カーテンの向こうに人がいてもいなくても、父はもれなく泣く。ポロっと涙をこぼすような感じではなく、嗚咽《おえつ》しながらボロボロ泣くのだ。その様子を見るたびに、私たちきょうだいは「お父さんまた泣いてるー！」「泣きすぎだしー！」と父のあまりの涙もろさとその泣きっぷりをからかって笑った。

わが家では父がテレビを観ながら流す涙は笑ってもいいものだった。なぜって、涙もろすぎるからだ。ドラマを観ていて、ここで視聴者を泣かせたいんだろうなという製作者のあざとさを感じるようなシーンでも、ものの見事に父は涙を流す。

「お父さんの涙、安すぎない？」

そんな父の姿を私たちきょうだいはケラケラ笑いながらからかった。父は父で「だって泣いちゃうだろ、これは」とか「お父さんは心がきれいなんだよ」なんておちゃらけて照れ笑いをする。そんな光景が日常茶飯事だった。そんな中でもご対面番組での父の泣きっぷりは凄まじく、私たちきょうだいはご対面番組があると知るとわざわざ「お父さんが泣くやつだよ」と父を引っ張ってきて手に箱ティッシュを持たせ、テレビの前に座らせた。

「もーう、また泣かせようとしてるな」

笑いながらも父は番組を見始め、そして予想通りボロボロ泣き、「やっぱり泣いた！」と私たちはそれを見てはやしたてた。なんでお父さんはこんなに簡単に泣くんだろうと不思議だったけれど、父の妹の存在を知ってしまったら、さすがにもう笑えない。

私の祖父にあたる人の死によって、父と妹は離れて暮らすことになった。父が実母に引き取られることになったからだ。それでも、父はときどき妹に会いに行っていたそうだ。とはいえ、一緒に暮らしていた期間はそう長くないし、当時幼かった妹からしたら父をどのような存在だと感じていたのかはわからない。東京で暮らす父に、「結婚することになったんだけど、結婚式には呼べないの。ごめんね」と妹から電話が来たとき、父は「うちは複雑な家庭だから、仕方ないよ」と返したそうだ。しかし、妹の口から語られた結婚式に呼べない理由は、母親が違うとか、幼い頃しか一緒に暮らしていないからというようなことではなく、「結婚相手が部落の親戚との付き合いを嫌がっているから」というものだった。

「『それは、あんたが差別されてるっていうことだよ。おかしいことなんだよ』って言ったけど、お父さんももうずっと離れて暮らしてるし、あまり強く言っても妹の人生に責任を持ちきれないなって思って。近くにいたらもっと違ったやり方があったのかもしれないけど、もうお父さん東京だったし、『とりあえず事情はわかった』って言って。妹は泣きながら『ごめんなさい』って言ってて、その電話が最後」

　だいぶ経ってから、そうやって父は当時のことを教えてくれた。本当にその電話を最後に、父は妹と会えていない。

「ある」のに「ない」とされること

「あなたは将来差別されることがあるかもしれない」

身近なところで起きた就職差別と結婚差別について知った中学時代、幼い頃から何度も聞かされてきた言葉の意味が実感をもって迫ってくるようになった。正直、不安だし、怖い。でもそんな気持ちを、親には口が裂けても言えなかった。こうも言われ続けてきたからだ。

「差別はする方が悪いのであってされる方は悪くないんだから、胸を張って生きていきなさい。差別に負けちゃだめ」

不安だなんて思っちゃいけない。怖いなんて思っちゃいけない。私は真正面からこの現実を受け止めて、闘わなければいけない。そうでなければ「負けた」ことになってしまう。それは大好きな父や母の生き方を否定することになってしまう。

そうは言っても、自分の将来に関わるこの大きな問題は、中学生がひとりで抱えるには重すぎた。誰かに話したい。相談に乗ってもらいたい。そう思ったけれど、当時の私には、それはとても難しいことだった。そもそも、学校の友人たちは部落が何かなんて知らないのだから。

「部落問題って知ってる?」

友達に話そうとすると、まずこの質問から始めなければならない。

「知らない」

こう返ってくることがほとんどだったが、まれに驚く回答もある。

「黒人差別とかそういうやつ?」

「部落」という言葉に馴染みがなさ過ぎて、「ブラック」と聞こえるのだろう。このエピソードに対して「嘘でしょ、ネタでしょ?」と言われることがあるが、もちろんネタではないし、大人になってからはさらに「ブラック企業の問題ですか?」という新しいパターンにも遭遇するようになった。私が普段暮らしているのはこういう環境なのだ。部落問題について話がしたければ、相手には何の土台もないという覚悟の上で、まずは部落問題とは何かの説明から入らなければいけない。でも中学生当時の私にとってそれは至難の業で、相談以前に説明の段階でくじけてしまっていた。

「部落差別っていうのがあって、そのせいで私のお父さんの妹は結婚する時にお父さんと縁を切ることになっちゃったの。それが私の身にも将来起こるかもしれないの」

部落問題の説明をすっとばしてそう話したところで、相手も中学生だ。理解できるわけがない。

「そんな差別聞いたことないし、そんなことで家族の縁を切るなんて信じられない。お父さんが妹に何かひどいことをしたから縁切られたんじゃなくて？」

悪気なくそんなふうに言われたこともあった。

家の中と外にズレがあることはずっと感じてきたけれど、家の外の世界では部落問題なんて「ない」ことになっているみたいだった。将来自分が望んでも就職や結婚ができないかもしれないということよりも、身近にいる人たちに、自分が今いちばん不安に思っている話が通じないということの方が、私は何よりもつらかった。部落民である自分と周りがいかに違う世界に住んでいるのかを突きつけられるようでもあったし、あなたが抱えている部落問題なんてこの学校や社会で取り扱ってわざわざ考えるほどの価値はありませんと、自分の属性や存在が否定されているようにも感じていた。

そんな状況にあっても、私が自暴自棄にならず何とか学校生活を送れたのは、唯一の例外である親友リオのお陰だ。リオは、中学二年に上がったタイミングで関西から転校してきた同級生だ。転校初日は下ばかり向いていておとなしそうに見えたが、それは単に緊張していたからだったようで、打ち解けてくると明るくて活発で、意志が強い人だということがわかってきた。私と同じ陸上部にリオも加入したことで一緒に過ごす時間も増え、授業中にこっそり手紙を回したり、学校帰りにはリオの住むマンションの前で話し込んだり、私たちは次第に仲良くなった。だから、リオに部落の話をしたいと思うのは自然な流れだった。

ある日のこと。もはやいい反応が返ってくることは期待しなくなっていたけれど、かと言って相手が何も知らないという前提で話を始めるのは失礼だと思い、お決まりの台詞「部落問題って知ってる？」を問いかけた。

「知ってるよ」

リオはあっさりとそう答えた。自分から聞いたにもかかわらず、思いがけない返答に私は思わず聞き返した。

「なんで？」

「前の学校で勉強したもん」

「部落のこと？　学校の授業で？」

「うん。結構しっかり勉強したけど、こっちではやらないの？」

リオは驚いていたけれど、私だって驚いた。学校では部落問題なんて教えてくれないのが当たり前だと思っていたからだ。リオはリオでその頃、悩みを抱えていたようだった。関西弁を話すことで周りから面白がられたりからかわれたりすることがあったからだ。

「引っ越すことを私が選んだわけじゃないのに。関西弁話すことはいけないことじゃないのに」

よくそう嘆いていた。

「わかるわかる。どこの生まれとかどんな言葉話すとか、そんなことでなんでバカにされなきゃいけないのって話だよね」

私たちはそうやって、自分たちの出身に対する周囲の無理解や差別的な態度に憤っていた。ひとりだけかもしれないが、部落問題を「ある」と知ってくれていて、自分の世界観をズラさずに話ができるリオの存在は私の心をずいぶん軽くしてくれた。リオが転校前に在籍していた学校のように、私が通う学校でも部落のことをちゃんと教えてくれたらいいのに。そしたら、こんなふうに家の中モードと外モードに切り替えながら暮らす必要がないのに。そう思いはしたけれど、なぜそういう学校とそうでない学校があるのかも、どうしたら私が今通っている学校がそうなってくれるのかもわからない。

卒業が近づくと、また「あの」問題が頭をもたげるようになった。卒業式での君が代問題だ。小学生の時は、訳がわからないまま選択を迫られた「歌ってはいけない歌」という感覚だった。しかし中学生になった私は、部落差別を自分事として受け止めるようになり、君が代は、自発的に「歌いたくない歌」に変化していた。この歌が当たり前に歌われていることが私自身の尊厳が否定されていることのように感じるようになったからだ。

この当時、私は、校則を守らずに担任や生活指導の先生から呼び出されることがよくあった。髪の毛を結ぶゴムの色が明るすぎるとか、履いているスニーカーが派手だとか、手を挙げた時にセーラー服の裾とスカートの間にチラッと見える下着が白じゃないとか、そんな理由だ。私の学年の熱血先生軍団は生徒たちをいつも気に掛けていて、少しでも暗い顔をしていると「何かあった？」と気づいてくれるような人たちだった。私も休み時間には声を掛けられてよく話をしたし、決して仲が悪いわけではなかった。ただ、一定の信頼を置いていたからこそ、理不尽な校則を守らせようとすることに対して私は徹底して抵抗した。

　校則違反が見つかると、空き教室に連れて行かれ、事情聴取を受ける。

「なんだそのコートは。学校指定のじゃないだろ」

「学校指定のコートは薄くて寒いから着たくない。なんで自分の身体を守るためのコートを学校に指定されなきゃいけないわけ？」

「決まりだからだ。校則に書いてあるだろ」

「根拠もないのに決まりって言われても、そんなの守りたくないし」

「決まりは守らなきゃいけないものなんだよ」

　こんな具合に、担任の先生から納得できるような答えは返ってこず、話はいつも平行線だった。私の担任へのタメ口も大概だが、担任は担任で私を「お前」呼ばわりしたり、タバコを吸いながら説教することがあったり、そういう時代だったのかもしれないが、なかなかに規格外の人だった。

　でも、そんなやりとりを通して担任に異議を伝えることは私にとっては特別なことではなくなっていたから、卒業式が近づいたある日、言うだけ言ってみようと思い立った。

「卒業式の君が代どうにかならない？　みんなと離れ離れになるのが悲しくて、純粋にそのことだけを思って泣きたいのに、君が代が流れたらそれと闘うってことをしなきゃいけないの、つらすぎる。卒業式出たくない」

「まあ、そんなこと言うなよ」

校則の話をしているときには眉間に皺を寄せて、しかめっ面で話を聞いていた担任が、困ったような顔になった。

「とにかく、卒業式にはちゃんと出ろよ」

しばらくの沈黙の後、話はそれ以上続かず、私は帰された。

卒業式当日、君が代は流れた。式次第には「君が代」と書かれていただけで卒業式に向けた君が代の練習もなかったから、歌う人もいれば歌わない人もいた。私はといえば、曲が流れ始めるまで態度を決めかねていたのだが、着席することにした。周りに私はどう映るだろうとか、恥ずかしいとか、座ることに対して躊躇《ちゅうちょ》はあった。だけど私のようにこの歌を苦痛に感じる人がいるのだということを示したいという気持ちの方が大きかった。みんなが当たり前みたいに過ごしているこの世界がズレていると感じる人がいるのだということを「ない」ことにしたくない。

「なにしてんの？ ちょっと！」

私が着席したことに対し、隣にいたクラスメイトは私がふざけているのだと勘違いをしたらしく、笑いながら私の肩をペシペシと叩いて立たせようとした。すると、少し離れたところにいた来賓のひとり、たしかどこかの町会の役員だと紹介されていた年配の人が、私が着席していることに気づき、大声で怒鳴った。

「おい、何やってるんだ。立ちなさい」

その人は、周りにいた同級生たちにも怒鳴って促した。

「おい！ その子を立たせなさい！」

私は座ったまま、下を向いて泣いていた。そのことに気づいた同級生たちは、無理やり私を立たせることはしなかった。そうこうしているうちに、君が代は終わった。ああ、これでやっと純粋にみんなとの別れを悲しめる。私は心の底からホッとした。

式が進み、学年主任だった担任からの「贈る言葉」はこんな言葉で始まった。

「ごめんなさい」

泣きそうな顔で壇上に上がったから、これまでのことを思い出して感極まっているのだと思っていた私にとって、謝罪から始まったその「贈る言葉」は予想外の内容だった。

「学校という場所は、君たちが毎日安心して来れる場所だというのがまずいちばん大事なことです。でもこの三年間、自分にそれができたかといったら、自信がない。ごめんなさい」

もちろん私だけに宛てられたメッセージではない。でも、これは確実に私に向けたメッセージでもあるのだろうと感じて、私はしゃくりあげて泣いた。中学生活の中で、人権が無視されていると感じたことはたくさんあった。きちんと差別について教えてくれる授業もなかったし、家の中と外のズレが埋まることはなく、常に嘘をつきながら暮らしているような違和感を抱えながら過ごした。なぜ校則を守らなければいけないのか、先生たちから納得できる答えは最後まで一度ももらえなかった。そういう意味で全面的に担任を信頼していたかと言えばそうではない。でも、本当は先生だってどうにかしてあげたかったんだよと、最後に伝えたかったのであろう気持ちを、私はその「贈る言葉」で受け取った。部落問題が「ある」世界を一緒に過ごしてくれたただひとりの友だちの存在や、遠回しだけど最後の最後にこうしてメッセージを発してくれた担任の先生の気持ちは、ズレたふたつの世界を行き来する日々に心を削られながら、それでも私がかろうじて立ち続けていられた最後の砦《とりで》だったのだと思う。

高校生活に差した光

君が代問題に頭を悩ませた中学校の卒業式とは対照的に、高校の入学式はあっさりしたものだった。姉がこの高校の卒業生だったため、ここでは式典で君が代が流れることはないと事前に知っていたからだ。

君が代のない入学式は、ひたすら退屈で、やたらと時間が長く感じた。

「来賓の挨拶とか新入生の言葉とか、こういう形式的なことって誰のためにしてるんだろう。少なくとも私たち新入生のためではなさそうだよな」

まだ寒さが残る体育館に並んだピカピカの制服の列の中でそんなことを考えながら、ただただ過ぎていく時間に、私はしみじみと感動していた。これからの三年間、私はこうやって退屈しながら式典を過ごすのだ！ そんな解放感を味わいつつも、一方で相変わらず私はまた家の中と外の言葉を翻訳して、嘘をついているような後ろめたい思いを抱えながら、一から人間関係を築いていかなければいけないのだと思うと、気が重くもあった。

高校は、中学時代の人間関係がほぼリセットされてやり直しになる。そういう意味では他の同級生たちも私も同じだけれど、よーいドンと横一列にスタートを切ったように見えて、私の前にだけ障害物があるような不公平感が心の中に強く巣食っていた。せっかく中学時代に翻訳なしで話せたリオという友人ができたのに、学校が分かれ、日常的に会えなくなってしまったことによる喪失感が大きすぎたのだ。高校でもまたそういう関係になれる友だちができるかもしれないんだから頑張ろうと、うまく気持ちを切り替えることができなかった。身体を動かすことが好きな私にとって、高校生活の唯一の楽しみは加入していたソフトボール部の活動だったのだが、学校へは行くものの、部活までの時間を学校で過ごすことすら、だんだんとつらくなった。

「『体調悪い』って帰ったって先生に言っといて」

休み時間、クラスメイトにそう頼んで早退することも多々あった。勉強もしなかったから成績はクラスでかなり下の方になっていた。

そんな鬱々《うつうつ》とした日々に変化が訪れたのは、夏休み、ソフトボール部の合宿で起きた出来事がきっかけだった。その日の練習を終え、グラウンドから数キロ先の合宿所まで歩いて帰る道中、上り坂に差し掛かった時に、同じ一年生のムードメーカー的な部員が突如、みんなに呼び掛けた。

「坂道きつい。気合い入れるためにみんなで歌うたいながら歩こうよ」

そして彼女は歌い始めた。

「きーみーがーよーはー」

まさかの選曲に笑いが起きる。突然、みんなと私の間に私にしか見えない壁が現われたような感覚に襲われ、鼓動があっという間に早くなった。

突然シリアスになって「やめて」と訴えたところで、前提が違いすぎてこちらの想いが伝わらないことはそれまでに嫌というほど経験していた。だから、場の雰囲気を壊さないように、でも、君が代を歌うのはとにかくやめてほしいという目的は達成できるように、私はあえて明るくツッコむように言った。

「やめてよー。そんなんじゃ気合い入らないよー！　もっと明るい歌にしようよー」

「何言ってるの。日本人なんだから君が代を歌うことの何がいけないの？　はい、みんなも一緒に歌うよ！」

さらにふざけた「ノリ」で彼女は歌い続け、その勢いに釣られたのか他の部員も笑いながら一緒に歌いだす。西陽《にしび》に照らされた長い影とともに、坂道に君が代の合唱が広がり始め、私はもう笑顔を作れなくなった。

彼女たちに悪気はない。誰かを傷つけようとして歌っているわけではないことはわかっている。悪意を持ってわざとやっているならその場で強く抗議をすればいい。でも違うのだ。彼女たちはただ知らないだけなのだ。私のような立場の人間がこの社会でともに暮らしていることを。知らないから一種のギャグとして笑いながら歌っているのだ。そういう人に突然抗議をしても、この段階では私がただ「空気が読めない人」認定をされて終わるだけだ。そう、ただ知らないだけで悪気はない。でもその知らなさが、痛い。不意打ちで襲ってきたこの痛みに私はうんざりして、もうどうにでもなれという気持ちになった。

「私嫌なんだ、この歌。知らないかもしれないけど、そういう人が存在する歌なんだよ、これ」

私は立ち止まり、無表情でそう言った。

「じゃあ歌わなきゃいいじゃん。私たちは歌いたくて歌ってるだけだし。意味わかんない」

予想通り、私はただ空気の読めない人として処理され、彼女たちはそのまま歌いながら先へ歩いて行ってしまった。丸一日練習をした後に歩く坂道はキツく、部員たちの列は少しずつ縦に長くなっていく。せめてこの歌う集団からは離れようと、私はしばらく立ち止まり、列からだいぶ離れたところでゆっくりと歩き出した。すると少しして、仲良くしていた部員のひとり、マユが坂を下って私の隣まで来た。

「うちのお母さんも、君が代は歌わないって人だよ」

飄々《ひょうひょう》としていて、いつもおちゃらけて周りを楽しませているマユは、普段の何気ない会話と変わらないテンションでそう言い、私と歩幅を合わせて隣を歩き始めた。

「そうなの？」

身体から一気にこわばりが取れていった。

「うん。卒業式とかで君が代が流れる時は、一旦保護者席から出て行ったりしてるみたい」

「なんで？」

「あんまり事情はよくわかんないけど、そういう主義なんだって」

深刻になるわけでもなく、いつも通りのトーンでマユがわざわざ伝えに来てくれたことが、それは別に特別なことじゃないよと言ってくれているようで余計に沁《し》みた。さっきみたいにバカにされることの方が多いかもしれないけれど、それでも、こうしてわかろうとしてくれる人もやっぱりいるんだ。諦めすぎることもないんだと思えた。

その後夏合宿で私は怪我をしてしまい、残りの夏休み期間中、部活には出られず、代わりに病院通いをすることになった。マユとはクラスが違ったうえ、私がこの怪我をきっかけにそのまま退部してしまったため、急速に互いの距離を縮めるというようなドラマや漫画のような展開にはならなかった。だけどこの一件以降、私は自分が普段接する人たちの中でもいつか翻訳せずに話ができる人間関係を作ることができるかもしれないという勇気をもらって、高校生活を送れるようになった。しかも、実はこの怪我のおかげで大きな出会いをすることになるのだから人生は何があるかわからない。

ある日の通院の帰り道、病院のそばにある大型書店にいつも購読しているファッション誌を買いに行った時のことだ。時間は余るほどあるのだからと、じっくり店内を練り歩いていたら、歴史の棚に部落問題の本が置いてあるのを見つけた。普段行くような近所にある街中の小さな書店では、いくら探したところで部落問題の本なんて目にすることがない。こうして大きな書店に行けば、わざわざ取り寄せをしなくても部落問題の本が買えるという事実に歓喜したと同時に、店の奥の端っこにあるこの棚に、一体どれくらいの人が足を運び、この本を目にするのかと考えると、どうせ部落問題なんてこんな扱いなんだよな、という卑屈な気持ちもむくむくと湧いてくるのだった。ひと通り本を眺め、お目当ての雑誌を買って帰るかと、私はレジ近くにある雑誌コーナーへ向かった。たくさんの人が通るため、人気の本や雑誌が平積みになっている。だが、ここに部落問題の本が置かれることはない。いつだって、部落問題は見ようとする人にしか見えないのだ。さっきの書棚で感じた嬉しさと卑屈さが入り混じる心境を経て、卑屈さの方が勝とうとしていたその時だった。

「マスコミ界初の本格ルポ『阪神大震災と被差別部落』」

平積みになっている雑誌の表紙の見出しが目に入った。え？　なにこれ？　どうして？　部落について書いた記事がこんな場所にあるなんて、何かの間違いではないのだろうか。私は慌ててその雑誌を手に取り、レジの店員さんから丸見えの場所であることもお構いなしに、食い入るようにその記事を読んだ。

阪神大震災の後、被災地の中でもさらに苦境に立たされているマイノリティ、障害者や在日コリアンが取材を受けるなかで、多くの被害を受けたはずの被差別部落の人々が報道されることはなかった。この記事は震災の翌年に、角岡伸彦《かどおかのぶひこ》さんというライターが、いくつかの被災した部落について書いたルポルタージュだった。しかも、「Ｖｉｅｗｓ」というこの雑誌の出版社は、部落解放同盟の出版部門である解放出版社ではなく、大手の総合出版社である講談社だ。何がどうなってるんだろう。よくわからないけれど、様々な目的で本屋に来た人の目にごく自然に入るであろうこの雑誌コーナーに、「被差別部落」と表紙に書かれた雑誌が置かれていたことは、私にとって叫び出したいくらい嬉しい事件だった。こんなことをやってのける人がこの社会のどこかに存在しているんだ。今まで感じたことがない世界の広がりに、私の心は希望でいっぱいになった。相変わらず家の中と外にはズレがあるし、高校は楽しいとも思えなかったけれど、何かどうしてもつらいことがあったら、このルポを書いた角岡さんという人に連絡を取ってみたら話が通じるかもしれない。そう思える人が、いま同じ世界にいるという事実は、私の大きな支えになった。

「翻訳」なしに話せる友だち

「うちのお母さんも、君が代は歌わないって人だよ」というマユの言葉や、「被差別部落」と表紙に書かれた雑誌が売っていたという「事件」に支えられて、なんとか高校の一年目を終えようとしていた一九九七年の春休みのことだった。

「ちょっと多実ちゃんさ、行ってもらいたいところがあるんだけど」

父はそう言って、数枚の紙を差し出した。

「『部落解放基本法・解放教育施策の存続充実を求める解放奨学生・教育関係者集会』の実施について」

それは、ものものしい見出しとともに、解放奨学金が打ち切りの危機にあり、その存続を求める集会が行われるという内容の案内だった。一九六九年から二〇〇二年まで、日本では同和対策事業という、部落に対するアファーマティブアクションが行われていた。アファーマティブアクションとは、積極的差別是正措置などとも呼ばれ、社会的に不利な立場に置かれた人たちに対する是正措置をすることにより、生活や教育などの底上げを目指すものである。この同和対策事業の一環として、解放奨学金という、部落の子どもが高校生以上になると受給できる奨学金があり、当時私も受給していた。奨学金がなくなるのは困るし、受給しているのだから参加しなければいけないかなと思い、私はあまり気は進まなかったが参加することにした。

当日、父と一緒に、会場となった国会議事堂の隣にある憲政記念館という建物に入ると、子どもの頃に親に付いて行った集会の雰囲気を思い出した。中学生くらいから私は親が参加する集会に付いて行くよりも、家で留守番することの方が心地良くなり、運動に関係する場に参加するのは久しぶりだったのだ。相変わらず、壇上で話されている難しい話はあまり理解できず、かといって小学生の頃のように会場の外に出ていくわけにもいかず、私はぼーっとしながら時間が過ぎるのを待った。そして集会が終わり、帰ろうとした時のことだった。

「お父さんもちゃんと把握してなかったんだけど、これから議員に会いに行くんだって」

父から、他にまだ行くところがあると告げられた。議員？ 会いに行く？ 突然の事態に状況が飲み込めないまま父に連れられ指定された集合場所へ行くと、私はいくつかに分かれていた奨学生のグループのひとつに加わるよう促された。

「東京ですね。東京はこっちです。はい、では出発しまーす。このグループの皆さん付いてきてください」

頭の中を整理する間もなく、私の入れられたグループは会場の外に向かって歩き出した。どうやらここから歩いて行ける場所に議員会館なるものがあり、そこにいる国会議員にこれから会いに行くという段取りになっているらしい。

ビルが立ち並ぶ街中の歩道を歩きながら、周りを取り囲んでいた大人たちに「頑張ってね！」と満面の笑みで見送られるも、何の心構えも準備もしていない私は、何をどう頑張ればいいのかまるでわからなかった。

歩いて数分で到着した議員会館で私たちが案内された部屋の主は、総務庁長官だった。周りにはパリッとしたスーツ姿の大人たちと、私たちの写真を撮っているカメラマンがいて、緊張感が部屋中に漲っている。通された部屋の中で長官が登場するまで待つ少しの時間に、これから奨学生たちは奥にある応接室に入って長官と面談をすること、その際、奨学生がひとりずつ、自分の気持ちを伝える時間があることが説明された。「何も聞いていなかったし準備もしていないので私にはできません」なんて言い出せるはずもなく、私は腹を括《くく》るしかなかった。

応接室に通され、用意された椅子に座った私たちの前にいよいよ現れた総務庁長官は、奨学生を前にしてもニコリともしない眼光鋭いおじいさんだった。私たちの来訪が不愉快で怒っているのだろうかと思ってしまうほどの無表情ぶりに、私は怯えた。しかし同時に、ああ、そういうことか、と腑に落ちた。長官は別に、私たちの声を聞きたいわけではない。きっと解放同盟の側からこういう「場」を作ってほしいとお願いされて設定されたのがこの面談なのだ。つまり、これはきっと実際に長官と何か内容のある対話をすることが目的なのではなく、「奨学生が長官に話をしに来ました。長官は彼らの話を聞きました」という「事実」を作ることが重要視されているのだ。なんだか利用されている感が半端ないが、それならば私はここに居るということで十分に役割を果たしているとも言えるわけで、中身のあることを言えなくても大丈夫かもしれない。

解放同盟のスタッフと長官の間で何やら形式的なやりとりが始まったが、私はまだ自分が何を言うべきなのかまとまらなかった。奨学生が話すターンになると、東京以外の県から参加していると思われる私以外の子たちは、淀みなく、おそらく何度も練習してきたであろう台詞を次々と繰り出していった。でも私は、こんなにたくさんの人の前で部落について話したことがない。そもそも知らない人に部落の話をしたことがない。何を話したらいいのか戸惑っているうちにとうとう私の番になってしまった。

「奨学金がなくなってしまうと困る人がいるので、なくさないでください」

ようやく振り絞るように出てきたのは、自分でも驚くほど当たり障りのないセリフだった。さすがにもう一言くらい付け加えなければと、次に口をついて出たのは、奨学金とは関係のない、でも、私がいつも思っているむき出しの本心だった。

「私が通っている学校では部落のことをちゃんと教えてもらっていません。周りの友だちが部落のことを知らない中で生活するのはつらいです」

緊張と不安と混乱で涙が溢れてきてしまい、途切れとぎれに話した。長官は相変わらず表情を変えることはなく、会は終了した。

議員会館の外に出ると、待ち構えていた大人たちは私が涙目なのを見て「お疲れさま」とか「頑張ったね」などと声を掛けてくれた。私がどうやってこの場所に来て、どんな思いでこの行程を終えたのか知らない人たちには、私は涙を流すほど一生懸命想いを述べてきた模範的な子どもに見えたのかもしれない。全然違うのに。大人たちに利用されてしまったという、私の気持ちを消費されたような感覚と、うまく話すことができなかった自分に対する落胆が交互に押し寄せた。

しばらくして、混乱していた気持ちが落ち着くと、ひとつの疑問が頭に浮かんだ。あの人たちはどうして仲が良さそうだったんだろう。私と一緒に長官の部屋を訪ねた奨学生たちのことだ。議員会館に向かう道中、部落のことを親しげに話している同世代の人たちを見て、私は素直にとても羨《うらや》ましいと思った。帰宅して親にその思いを打ち明けると、奨学金を受給している全国の高校生が泊まりがけで集まる集会が年に一度、夏に開かれているから、それに参加してはどうかと提案された。そこに行けば、私にもあんなふうに話せる友だちができるかもしれない。そんな期待とともに、私は高校二年生の夏、その集会に参加することを決めた。

夏休みに入ってすぐ、「部落解放第二八回全国高校奨学生集会」（全奨《ぜんしょう》）は宮崎県で開催された。東京からは過去数年参加がなかったが、この年は母がほうぼうに声をかけてくれたらしく、私を含めて五人の参加者があった。待ち合わせ場所の駅に行くと、子どもの頃集会でよくおやつを分け合って一緒に遊んだ子もいれば、初めて会う子もいた。

「親に行けって言われたから来たけど、今から何しに行くの？」

あくまで他人事のテンションの子もいて、この集会に参加したら自分と同じような悩みを抱えたり部落問題について普段から考えているような子たちといろいろ話せるのではないかと思っていた私は、出鼻《ではな》をくじかれたような気持ちになった。同じ東京で部落民として育っているという共通点があるだけなのだから、それをどう受け止めているのかなんて温度差があって当然なのだが、私は自分の話がそのまま通じる相手を求める期待が強すぎたのだろう。引率の解放同盟の職員が、初対面だったり久々の再会だったりする参加者のぎこちない空気を察して当たり障りない質問をしながら会話を回してくれて、なんとか時間が過ぎた。

飛行機と電車を乗り継いで集会の会場である宮崎市民会館に到着すると、ホールの中は既に多くの高校生でいっぱいだった。普段通っている高校の全校生徒が集まった時よりも明らかに人が多かったから、少なくとも千人以上はいるはずだ。聞いてはいたことで、想像はしていたけれど、実際に目の前にたくさんの部落の高校生の存在を目にすると、なんだか現実ではないような、信じられないような気持ちになった。そして、もうこの光景が見られただけでもここへ来た甲斐があったなと涙が溢れてきた。でもいきなりこんなところで泣くのは恥ずかしくて、私は涙をこぼさないようにわざとたくさん瞬きをした。

「あ、そうだった」

引率してくれていた解放同盟の職員がカバンを開き、胸のところに「部落解放」「部落解放同盟東京都連合会」と大きく書いてある黄色いゼッケンを「ハイ、ハイ」と配った。

「マジで？　これ、着けなきゃだめなの？」

羽田空港で、今日何をしに行くのかわからないと言っていた子が顔をしかめながら異議を唱える。私たちは眉毛を細くして制服にはルーズソックス、私服ではミニスカートに厚底ブーツというようなファッションが流行《はや》っていた世代だ。違和感が拭《ぬぐ》えない。苦い顔をしながらゼッケンを手にした私たちに、引率の職員はどうしても着けたくなければ無理に着けなくていいと強制はしなかった。正直とてもダサいし、時代遅れ感がすごいけど、周りを見回しても他の地域から来た子たちはみんな着けているし、なによりも、そのダサさや時代遅れ感に全力で乗ることが私の「気合いの現れ」になるような気がしたから、私は着けることにした。しかしこの時、ゼッケンの着用を強制することなく、私たちに選択を預けてくれた職員の存在は、当時の私にとって、こんなふうに「正しさ」をまっとうできなくても尊重してくれる大人もいるんだという、微《かす》かな安心感を与えてくれた。

集会は二泊三日のスケジュールで行われたのだが、初日のこの集まりは「全体会」と呼ばれ、参加者全員が一カ所の会場に集まって主催者や来賓の話を聞いたり、地元の部落の人たちの出し物を見たりするというものだった。形式的なものが多かったが、同じ立場の高校生がこんなに集まっている場に自分がいて、翻訳なしで部落について話せる人たちがこんなにいるんだということに興奮し続け、私は何度も何度も会場を見渡しては涙ぐんで最初の日を過ごした。

部落差別は「ない」と言う先生

集会二日目は、まる一日「分科会」というものに参加する。

「地域の実態と解放奨学生の組織化」

「地域活動（A）学習と解放理論」

「地域活動（B）子ども会・文化活動・支部活動」

「高校生活と進路」

「親の生きざま私の生い立ち」

分科会はこの五つのテーマに分かれていた。それぞれ別の会場で同時に開かれることになっており、好きなところを選んでいいのだが、そもそも全員が初参加の私たち東京メンバー五人は、それぞれのテーマの内容すら理解できていなかった。バラバラの分科会に参加するのは心細いし、どうせどこへ行ったらいいのかわからないのなら移動距離が短いところがいいと、宿泊していたホテルが会場になっている「地域の実態と解放奨学生の組織化」というものに五人一緒に参加することにした。

この分科会は、「報告者」という、事前に選出されていた人たちが、壇上から自分たちがふだんどんな環境でどんなふうに部落問題に取り組んでいるかというような発表をした後、参加者全員で報告者への質疑やディスカッションをするというものだった。スケジュールとしては三日目も「全体会」という、初日と同じホールで行うまとめの会なため、実質この二日目の分科会が集会のメインのプログラムなのだろう。

初日の全体会では、ただただ参加人数の多さに驚いたが、二日目の分科会はさらに驚きの連続だった。まず、学校の先生が引率として参加している地域があること。学校に「同和担当」という先生がいて、部落出身の生徒たちのサポートをしたり、部落問題について一緒に学習したりするらしい。そういう学校では「同和教育」という部落問題についての授業があったり、部落問題研究会、通称「部落研」という、部落問題について学んだり活動したりする部活があるところも多いそうだ。関西から引っ越してきた中学の同級生、リオが学校で部落問題について学んだと言っていたのは、おそらくこの同和教育というものだったのだろう。それらの活動の集大成として、クラスメイトや、時には全校生徒の前で自分が部落の出身者だと宣言をする「部落民宣言」とか「立場宣言」と呼ばれるセレモニーのようなものもあるという。

次に驚いたのは同じ部落の住人同士で参加している人たちがいることだった。考えてみれば当たり前なのだが、部落に住んでいれば近所は同じ部落民同士というわけだ。私のように、部落には住んでいないから周りに同じような環境で育っている人がいないというケースは少数派だった。東京のようにその都府県からの参加者は数人だけという地域は他にもあったが、地域によってはひとつの府や県から百人以上の高校生が参加していた。

私は他の地域の参加者の話を聞きながら、部落民であるという共通点だけで抱いていた「同じ立場の人たちとなら翻訳なしで話せるはず」という期待は、やっぱり見当違いだったと認めざるを得ないと感じた。それでも、「同和教育の時間にクラスメイトたちが寝ているのを見てるのはつらい」とか「同じ部落からこの集会に参加したいと希望したのは自分だけで、周りとは結構な温度差がある」というような悩みを打ち明ける参加者もいた。環境は大いに違うものの、部落問題を真剣に考えたい自分と、あまり関心がなさそうな周囲とのギャップに悩んでいるという意味では私が抱えている悩みと共通している部分もあるのではないかと感じた。

しかし、分科会が進むにつれて、苛立ちのような感情がモヤモヤと私の中に渦巻き始めた。部落に住み、同和教育のある学校へ通っている高校生たちが当たり前という前提で話が進んでいくことに違和感が生じたのだ。部落問題なんてあたかもないような扱いを受けることにうんざりして参加したこの場所でも、私みたいに部落に住んでいない、同和教育を受けたこともない人間は「いないこと」にされているような、これまでとはまた違う意味での透明人間扱いを感じざるを得なかった。私はディスカッションの時間に思い切って手を挙げた。

「私は部落じゃない地域に住んでるし、同和教育というものを一度も受けたことがありません。学校でも部落については教科書に出てきた時にちょっと触れたくらいです。周りの人が部落問題について知らないことがつらいから、私が通ってる学校でも教えてほしいと思ってます。こんなに部落問題と向き合ってる高校生がいるんだって知れて、ここにこれてよかったです」

声が震えそうになるのを懸命に堪《こら》え、どうか私のような立場の部落民がいることも認識してもらえますようにと願いながら、溜まっていた思いを絞り出した。私の発言中、こちらにしっかりと視線を向け、「うんうん」と大袈裟《おおげさ》なくらいに頷《うなず》いたり、「頑張れ」と口パクで応援してくれたりしていたひとりの子の姿が目に入って、おかげで最後までなんとか発言を終えられた。

休憩時間に入ると、会場に並べられた長机の隙間を縫って、先ほどの子が友人らしき人と連れ立って話しかけに来てくれた。

「ずいぶん大変な環境の中で頑張っとるんやね。私は恵まれた環境にいるんやけ、もっと頑張らんといけんなって思ったよ」

私の発言中にリアクションをしてくれたそのままの勢いで、大きくブンブンと頭を揺らして頷きながら私を労《ねぎら》ってくれた。

「ごめんね。この子テンションが高くてびっくりするでしょ」

一緒に私のところに来てくれた別の子が笑いながらフォローする。

「そんなことないでなー。わはは。あ、私ミカです。高一です。よろしく」

大袈裟にしかめっ面を作りながら豪快に笑い、ちょっと芝居がかった身振りで自己紹介をしてくれた。ミカは、中国地方の部落から来たこと、自分が通う学校の部落研に入っていること、その中でうまくいかないこともあるけれど、私のようにゼロをイチにする大変さを味わっている高校生もいるのだから、自分も頑張ろうと思えたことを話してくれた。同世代の人たちとこんな会話ができるなんて信じられない。ここにいる人たちは地元に帰っても周りにこういう友だちがいるのだろうけど、私は帰ってしまえばまたひとりで高校に通うことになる。私も部落のことを当たり前に話せる同世代の友達がほしい。

「住所教えてもらえない？ 帰ってから手紙書いてもいい？」

突然の頼みに引かれるかもしれないと思いながら、切迫した想いに駆られ、私は申し出た。

「もちろん！」

ミカはやっぱりちょっと大袈裟に、目を見開いた笑顔で快諾してくれた。さらには、同じ県から一緒に来ているという友人を次から次へと私に紹介し、その子たちにも私と住所を交換するように勧めてくれた。

その夜、東京から参加した私たち五人は、ホテルの部屋で今日一日の感想を語り合った。

「学校の先生が来てるの、めっちゃびっくりしたよね」

「学校で部落問題の授業があるとか、すごくない？ 羨ましい」

「私はあんまりちゃんと部落問題について考えてこなかったから、あんなふうに発表したり発言したりしてるのすごいなって、私もちゃんと考えないといけないなって思った」

刺激的な一日を過ごし、みな興奮気味だった。その勢いに背中を押され、私は分科会の最中から考えていた提案を持ちかけてみることにした。

「他の地域の子たちが、『高校生友の会』っていうの、やってたじゃん？　定期的に集まって交流するってやつ。あれ、私たちもやらない？」

「うん、せっかくこうして仲良くなれたんだし、やってみよう」

とんとん拍子に話が進んだ。

「でも、名前がダサいよね。『友の会』って、いつの時代だよって感じ」

名称に関してだけは異論が出たが、私は、ゼッケンと一緒でそのダサさに負けずに高校生友の会と名乗ることが気合いややる気を表してくれるように感じていた。とりあえず暫定的にこの名称は使用し、今後どうするかはゆっくり考えようということになったが、結果的には

「言ってるうちになんだかなじんできたからこのままでいいか」となり、変更されることはなかった。こうして私たち東京メンバー五人の高校生友の会、略して高友《こうとも》は結成された。

翌日、各都府県連の代表者が壇上で感想を発表する最終日の全体会で、東京の代表に選ばれたメンバーが、高らかに宣言した。

「私たちも高友を作ることにしました。来年はもっと仲間を増やして十人で参加するのが目標です」

当初は、親に言われて半ば無理やりやってきた子もいたような私たち東京チームは、三日後、意気揚々と帰京した。集会では、他の地域から参加していた人たちと私の間にはかなりの環境

の違いを感じたし、そこを乗り越えるためにはこれまでとは違う種類の翻訳が必要だった。でも、それはあくまでも部落問題というものがこの社会の中で存在しているという前提を共有した上でのものだったから、学校で接する人たちに対して翻訳する時の、嘘をついているような、何か大事なことをごまかしているような後ろめたさは感じなかった。帰り道、私はそういう空間に自分がいられたこと、その中で友だちができたことの満足感で胸がいっぱいだった。

それからすぐに私たちの高友は活動をスタートさせた。とはいえ、何か具体的な目標があるわけではなく、カラオケに行ったり食事に行ったりしながら、五人が仲良くなって、思っていることを心おきなく話せるような関係になることをまずは目指すことにした。

高二の夏休みに私の身に起きたこの目まぐるしい変化は、私の高校生活自体へのモチベーションも上げてくれた。部落のことをもっとクラスメイトに知ってもらおうと、話せそうなタイミングを見計らっては周りの友人たちに部落について話すようになったのだ。

「夏休み何してた?」

「宮崎行った」

「旅行?」

「私、奨学金をもらってて。あのさ、『部落問題』っていって、昔の身分制度の名残でいまも差別を受けてる人がいるの。その差別を受けてる側の人たちを対象とした奨学金があって、私ももらってるんだよね。その集まりで行ってきたんだ」

と、こんな感じに。多少会話のねじ込み方が強引かもしれないが、それくらいしないと部落について話すタイミングなんてないんだから仕方ない。すっかり勢いづいていた私はそんな不自然さなんて気にしなくなっていた。だってそのこと自体を報告できる仲間がいるのだから。うまく話せたり話せなかったり、嬉しいリアクションがもらえたり、イマイチだったり、私は逐一、ミカをはじめとする集会で仲良くなった友人たちに手紙で報告した。「良かったね、がんばってるね、こっちではこんなことがあったよ、こんなことに悩んでるよ」少し間を置いてそんな手紙が私の元にも届く。今までは、すべて私の心の中だけに仕舞っておくしかなかった言葉や感情が便箋の上で文字になって外に出ていく。それを受け取ってくれる人がいて、また言葉や感情が返ってくるという喜びは私を大いに励まし、勇気づけてくれた。

高三になると、「政治・経済」という授業が始まった。もらったばかりの教科書をパラパラめくっていると「人権」という項目が目に入った。私の学校に同和教育はないけれど、もしかしたらそれに準ずる授業を私も受けられるのではないかと期待しながら該当のページを開くと、部落問題について、未だに解消されておらず、取り組むべき課題のひとつと記載されていた。私の高校生活の中で部落問題に授業で触れられるチャンスは、これが唯一にして最後の機会になるだろう。政治経済は、のほほんとした雰囲気で生徒たちの間では「かわいいおじさん」というキャラ付けをされている先生が担当だった。でも授業が始まってみると、淡々としながらも社会の問題にきちんと目を向けることの大切さを伝えようとしてくれる熱意を感じる授業だった。この先生だったら、部落問題についてもきっとしっかり教えてくれるのではないかと、私は期待した。これまでも仲のいい友だちには折を見て部落について話をしてきたけれど、先生がこの授業で部落問題について触れてくれたら、クラスみんなが部落のことを知ることになるはずだ。

次の授業でとうとう人権の項目に進むかな。全奨で他の地域の子たちが言っていたみたいに、せっかく部落について言及される授業なのに寝てる子がいたら私もショックを受けるのかな。教科書の中の他人事だって思われないように、先生が部落問題について説明を終えたら、「実は私がその部落の出身者です」って手を挙げて言ってみようかな。前から順番に進んでいく教科書のページが「部落」の箇所に近づいていくごとに、私の期待は膨らみ、頭の中で勝手に傾向と対策を練ってはドキドキすることが増えていった。しかし、私が待ち望んでいたその授業で、先生は教科書の該当箇所を読みながら吐き捨てるように言った。

「部落差別に関しては、未だに解消されていないとは書いてあるけど、もう、今時こんなのないです」

まさか「部落差別がもうない」なんて言われるとは思ってもみなかった私は、目の前で何が起きたのか、しばらく状況が呑み込めなかった。いつもは熱心な授業をする先生がその言葉を発したときの、冷たいような投げやりなような、半ば呆れたようなニュアンスになんだか得体の知れない怖さを感じて、ただただ混乱するだけだった。この日、朝から期待で胸がはち切れそうだった私は、その分、ショックも大きく、呆然としたまま帰宅した。

しかし家に帰り、時間が経つにつれて、なぜ私はあそこですぐに「そんなことありません」って反論できなかったんだろうという悔しさがムクムクと溢れ出した。湯船に浸かりながら、自転車を漕ぎながら、ふとした瞬間に授業の場面が蘇ってきては、うまく反論できた自分を想像して、「こうすれば良かったのに、どうしてできなかったんだ……」と自分を責めた。タイムマシンに乗ってあの瞬間に戻ることは不可能だけど、このまま何もなかったかのようにまた授業を受け続けることだけはしたくない。次の政治経済の授業が終わると、私は教室から出て行く先生を追いかけて、廊下で呼び止め、自分の思いをぶつけた。

「この間の授業で先生は部落差別はないって言ってたけど、あります。ちゃんと授業で扱ってください」

すると、先生はうんざりしたような表情を私に向けて言い放った。

「あのね、関西の方でっていうならまだわかるけど、この東京で部落差別があるなんて、あなたそんな嘘をつくんじゃないよ」

小学生の時、君が代を歌うか歌わないかと選択を迫られた音楽の時間に味わった感覚が蘇る。指先は冷たく、鼓動は早くなっていく。「嘘」という言葉の強さに違和感はあったが、先生が東京の部落差別の現実を知らないのならば、私が実体験として伝えるしかないと心を決めた。

「私は部落の出身者です。ずっと東京で差別を見聞きしてきました。中学の時には家の近くで就職差別があったし、お父さんは結婚差別が原因で妹と生き別れになりました」

涙がボロボロと溢れてきた。休み時間の廊下でこんなふうに泣くなんて、周りからどう見られるんだろうという思いが一瞬頭をよぎったけれど、涙を止めようとすると言葉を発することもできなくなりそうだった。だけど今は私の尊厳をかけて反論しなければいけない時だ。そう自分を奮い立たせて向き合う私に、先生は心底面倒くさそうな顔をして続けた。

「でも、それはあなた自身の話じゃないでしょ。あなた自身が部落差別を直接受けたことがあるっていうの？ ないんでしょ？ 人の話を持ってきて、差別がありますなんて、嘘ついてるのと変わらないよ」

一方的に怒鳴るようにそう言い残し、先生は去って行った。「かわいいおじさんキャラ」で、のほほんとしながらも、この社会について熱心に教えてくれるそれまでの姿はそこには一切なかった。先生は、部落差別に関する認識が不足しているのではなく、明確に、意識的に、部落差別はないと言っているのだ。私はこんなふうに人から嫌悪感をむき出しにされたのが初めてで、恐怖と怒りと混乱のあまり、廊下にひとり取り残されたまま、震えながら泣いた。すると、それまで部落の話をときどき聞いてくれていた友人のひとりが駆け寄って来てくれた。

「今見てたけど、あんな言い方ないよね。ちょっとあいつおかしいと思う」

いつも私から一方的に部落について話しているだけだと思っていたけれど、こんなふうにフォローして慰めてくれる友だちが高校にも出来たのだと感じられたことは、私にとって救いだった。とはいえ、確信犯として「部落差別は存在しない」と言い放つ大人相手に、私に何ができるのだろう。それ以前に、この気持ちをどう整理したらいいのかわからなかった。

こういう時は専門家の力を借りるしかない。そう考えた私は、夜になって帰宅した父に学校での出来事について話し、訴えた。

「私はこのまま引き下がりたくない。何よりも悔しい」

これまで様々な差別事件に取り組んできた父のことだ。的確なアドバイスをして私をサポートしてくれるだろう。

「ああ……」

私の期待をよそに、父の表情は曇った。ため息をついて、少し間を置いてから、私に告げた。

「それはね、もしかしたら、共産党系の組合の先生なのかもしれないね」

父が何を言っているのかわからない。

「解放同盟と共産党って、もともとは仲が良かったんだけど、ある時から対立してるのよ。そんで共産党の方は部落差別はもうないんだっていう主張をしてて、その先生の言い方からすると、共産党系の先生なのかなと思うんだけど」

「なんでそれだけの情報で共産党系の先生だって思うの？」

「あんたが通ってる高校って、式典の時に君が代も日の丸もないでしょ。あれって、多分組合が強いからなのよ。先生たちの組合。わかる？　教職員組合っていうのがあってさ。式典で君が代・日の丸をやれって上から圧力があっても、組合の先生が強くて阻止してるんだと思うのね。その点ではいいんだけどさ、ただ、熱心に組合の活動をしてる先生って、共産党系の人が多いから、その先生もそういうタイプなのかもしれないなって」

「だとしてもさ、考え方が違いますね。で済む問題じゃないじゃん。実際にあるものをないって、私が嘘つきだって言われて、めっちゃ腹立つし、おかしいと思うから、ちゃんと抗議とかしたいよ」

胸を張って生きろ、差別に負けるな。そう私を育ててきたのだから、父は私のこの言葉を喜び、応援してくれるのかと思っていた。なのに、父の返答は思いがけないものだった。

「いや、これに関してはちょっと、やめておいた方がいいとお父さんは思う」

「なんで？　このまま黙ってろっていうの？　差別とは闘えって、いつも私に言ってることと違うじゃん」

父にまで怒りが込み上げてくる。

「多実が生まれるよりも前の出来事ではあるけど、部落差別に対して抗議した高校生の子たちと共産党系の先生たちが対立して暴力事件にまで発展したことがあってね。八鹿《ようか》高校事件っていうんだけど。大人たちの主義主張の違いに高校生の子たちが巻き込まれる形になってしまったのよ。高校生の子たちは純粋に部落差別は良くないっていう気持ちで行動してたと思うから、すごく傷ついたと思うの。多実にもさ、そういう傷つき方をしてほしくないわけよ」

「でも、そんな私が生まれる前の事件を引き合いに出して諦めろって言われても、今回も同じようになるとは限らないし、やってみないとわからないじゃん」

「長い間ずっとある政治的な対立がベースにあるからね、そんな簡単なことじゃないんだよ。多実にはまだわからないかもしれないけど」

「もう既に傷ついてるし、それをこのままにしておくことの方がもっと傷つくって」

食い下がってはみたけれど、父は渋い顔をして首を横に振るだけだった。

一九六五年、総理大臣の諮問機関である同和対策審議会が、同和（部落）問題の解決は国の責務であり、国民的課題であるとして、同和対策の特別措置法が必要だと答申を出した。これに基づき一九六九年から二〇〇二年にかけて同和対策事業が行われた。この答申を積極的に評価した部落解放同盟に対し、共産党は自民党政府の欺瞞《ぎまん》であり融和政策だと批判。それまで協力関係にあった共産党と部落解放同盟は対立関係になっていった。共産党はそれ以降、部落解放同盟を行政と癒着し、同和事業を私物化して利権あさりをする集団だと非難し、部落差別に関しても、減少傾向にあり、部落問題はそのうち自然に解消するという立場をとっている。私の高校の政治経済の教師とのやり取りは一九九七年のことで、この五年後に同和対策事業は終了したが、二〇一六年に部落差別解消推進法が成立施行された際には、部落差別を固定化、永久化するものであるとして、共産党はこの法制化に反対の立場をとった。

先生の発言に対して何らかのアクションをしたいという私の頼みに対し、父は政治的対立を理由に難色を示した。私は言葉にできない違和感が心の中に広がっていくのを感じながらも、廊下で話した時の先生のあのきっぱりとした、冷淡な態度に感じた得体の知れない怖さを、「政治的対立」という背景で考えてみると、混乱した頭の中を少し整理できる気もした。とはいえ、いつもは人権を守る立場にいるような先生が、私の存在すら認めてくれないということへの失望と悔しさは日増しに募るばかりだった。夜寝ようと布団の中で目を閉じても、あの日の廊下でのやり取りが蘇ってきて眠りに就けない日が続いた。このままでは自分が壊れてしまう。そう感じた私は、次の手を打つことにした。父が頼れないなら別の大人を頼ってみようと、担任の先生に相談してみることにしたのだ。

担任は政治経済の先生と同世代くらいで、家庭科を担当していた。私が二年生の時も担任だったのだが、怖いわけでもなく、かといって優しさに満ち溢れているかと言うとそんなこともなく、教育への情熱があるのかないのかもよくわからない、摑みどころのない先生だった。私の相談に真摯に向き合ってくれるのかどうかは予想がつかない。一種の賭けだ。それでも、もうこの方法しか私には考えつかなかった。

職員室へ行き相談があると担任に告げると、先生はふたりきりで話せるようにと私を家庭科室に連れて行ってくれた。事のあらましを説明し、私はこのまま引き下がりたくないと話した。

「あの先生がそんな発言するなんて信じられないけど、私から真意を確かめてみるね」

そう言って、件《くだん》の先生と話し合いの場を持つと約束してくれた。私は何よりも、担任が「部落差別はない」と言わず、私の話を否定せずに聞いてくれたことに心からほっとした。先生は部落差別が「ある」「なくさなければいけないものだ」という前提に立っているのだとわかったからだ。数日後、私は担任から、政治経済の先生とかなり長い時間、話し合いをしたものの、話は平行線で何も結論は出なかったという報告を受けた。

「さて、どうしましょうねぇ」

困惑顔の先生に、私は答えた。

「わかりました。これからどうするかは、また考えます」

これで諦めるわけではないけれど、担任の先生が私を一切否定せず、当然のように私の側に立って行動を起こしてくれたことで、傷ついていた気持ちが少し回復したのは確かだった。

後日、政治経済の授業冒頭に、先生は一言、ぼそっと告げた。

「以前の授業で部落差別はもうないと言いましたが、中にはまだ存在すると主張する人もいるということを、念のため補足しておきます。これでいいですかね」

そして授業が始まった。担任から話はずっと平行線だったと聞いていたから、部落問題についての言及があったことに驚いた。しかし、「これでいいですかね」と付け足したことに対し、「この件に関して、自分は対応しました」というアリバイ作りなのだろうと感じた。

父の言う「政治的対立」がどれほどのものなのか私にはわからない。目の前の生徒を否定するほど大切なものであるということの意味が、どうしても理解できない。いや、そもそも、この先生が本当に共産党系の先生だから「部落差別はない」と主張したのかどうかさえわからない。わからないことだらけだ。それでも、この先生のような人も世の中にはいるのだということだけはわかった。これから、そういう人とも遭遇しながら生きていかなければならないのだと思うと、私は途方に暮れた。そんな葛藤を抱えながら、高三の夏休みに突入し、また奨学生集会がやってきた。

クラスメイトへの手紙

高校三年の奨学生集会は、この年から「全国高校生集会（全高《ぜんこう》）」と名前を変えた。参加者の中には奨学金を受給していない高校生もいることから名称を変更したそうだ。二度目の集会は、何もかもが目新しかった前年とはまた違う種類の驚きに満ちた三日間になった。それは、私が周囲を冷静に見られるようになったからこそ感じたことだったのだと思う。

その年、私は東京からの報告者として分科会の壇上に立った。私みたいな部落民も「いる」ということを他の地域の高校生たちにも知ってほしいという想いが強く、集会への参加申し込みとともに立候補したのだった。小さな体育館のような会場で参加者たちが座るフロアから一メートルほど高い壇上に上がると、百人以上の人たちの視線がこちらを向いている。私の緊張はピークに達し、まともに前が向けず、手が震えた。極度の緊張のなか、用意していた報告書を読み始めると、目の前に座っていた参加者のひとりがクスクス笑いながら囁く声が聴こえた。

「うわ、本当にドラマみたいな言葉喋ってる」

この集会への関東からの参加者はごくわずかで、多くは西日本から来ている。当然、それぞれがそれぞれの地域の言葉で喋る。私にとっての地域の言葉は、いわゆる「標準語」というやつで、いつも使っているわけなのだが、彼らにとっては珍しかったのだろう。でもそれは、単に驚いたから思わず口に出てしまったというふうではなく、嘲笑のようなニュアンスだった。関西に親戚が多い私にとって、親戚やその友人などから、こんなふうに言葉を笑われたりからかわれたりするのは珍しいことではない。小さい頃は理由がわからず困惑したが、成長とともに、そこには東京という場所がもつ特権性や、自分たちが日本の中心みたいな顔をして振る舞うことへの腹立たしさや嫉妬など、複雑な感情が混じっているのだろうと考えるようになった。自分たちの話す言葉を「標準語」なんて表現するのだっておかしいと私も思う。でも、それならばそのことを批判してほしい。嘲笑としてその感情をぶつけてくるのはただの嫌がらせだ。日本社会という枠組みにおいては、東京という場所は自分たちが「標準」だという押し付けを、それ以外の地域に対してしているのかもしれない。だが、今私がいるこの場所、この集会においては、西日本のあなたたちのような人たちの方がずっと「標準」として扱われているじゃないかという苛立ちのような思いもあった。そして何よりも、生まれた場所で差別される部落問題について考える場所で、なんで私は生まれた場所由来の言葉で笑われなければいけないんだろうという疑問がふつふつと湧いた。

私の報告後のディスカッションでは、西日本の参加者からこんな発言もあった。
「部落に住んでない人には部落に住んでいる部落民のつらさがわかるわけがない」

確かに、部落に住んでいるということで、まるで「烙印」を押されたように差別されることのつらさや怖さは、私にはわからない。想像することはできても実感としてはわかっていないと思う。だが、私だって東京に生まれたくて生まれたわけじゃない。「それなら、部落ではないところに住むことの孤独感とかつらさを、あなたはわかるの？」そう返したかったが、そんな言い合いをするのは不毛だと思って堪えた。だがその瞬間、耳を疑うような言葉が聞こえた。

「よく言った！」

それは、発言者と同じ地元の大人が発した掛け声だった。

「よし、いいぞ！」

「〇〇県に発言数で負けてるぞ！　ほら！　がんばれ！」

その後も地元の参加者が発言するたびにその内容がなんであれ、掛け声や野次を飛ばす大人がいた。大勢の前で手を挙げて発言するのは勇気がいることだから、その行為を応援したり評価したりする気持ちは理解できる。だけどその大人たちは、その声に否定される側の子どもにも気持ちがあるということを想像できているのだろうか。自分たちが引率してきた、言わば身内の子どものことしか見えていないのではないかと、私は集会に参加する大人たちに失望した。

私のような立場の人間が「当たり前」に受け入れられる場所なんて、やっぱりどこにもないのかもしれない。そんな諦めのような気持ちを抱えながら夏休みが明けて戻った学校でもまた、私はその思いを強くする出来事に遭遇することになる。

それは高校生活最後の文化祭を翌日に控えた準備作業でのことだった。放課後の教室でそれぞれ生徒たちが自分に割り当てられた仕事をしている横で、休憩中だったのかサボっていたのか、トランプの「大貧民」というゲームをしているクラスメイトたちがいた。私はやったことがないので詳しいルールはわからなかったけれど、トランプの数字で等級があり、より強いカードを出していくというゲームらしい。いくらゲームでも、「富豪」とか「平民」とか「貧民」なんていう言葉が飛び交うのは気分良くないな、と思いながらも、私は自分の作業を黙々とこなしていた、その時だった。

「はーい、お前ら下人！　穢多《えた》・非人《ひにん》！」

「えー、やだー！　俺、穢多・非人やだー！」

突然聞こえてきたその声に私は凍り付いた。ゲームで負けたと思われるクラスメイトが叫びながら皆で笑い合って盛り上がっている。おそらく、彼らにとって穢多とか非人という言葉は日本史の教科書に出てくる「ただの単語」でしかない。そういう認識になってしまう環境で私たちは育ってきたのだから、彼らがまったく悪気なく笑っていることも、その背景も私は理解できる。でも彼らは、その言葉が「劣ったこと」の代名詞のように笑いながら使われることで私がどう感じるのかは、理解できないだろう。部落民として生まれることは自分で選び取ったわけではないことなのに、この教室の中でおそらく私だけが傷つけられ、傷つけた方は何も知らずに笑い続けるのだ。なにこの不公平感。いつもそうだ。もううんざりだ。こんな状況が嫌だから、授業でちゃんと教えてほしいとあの時、先生に頼みに行ったのに。政治経済の先生との廊下でのやりとりと腹立たしさが蘇ってくる。

しかしここで私が何をどう言えば彼らがまともに私の痛みに気づこうとしてくれるのか、まったく見当がつかなかった。足を踏まれた時は「痛い」と声を上げれば相手は状況を理解して謝ってくれるだろう。でも、差別に関しては私のこれまでの経験上、そう簡単にはいかない。これまでも、「痛い」と言っても「何が？」と返されて相手に理解できるようにこちらが説明する責任を負わされることばかりだったし、一生懸命説明したとしても、必ずしも理解してもらえるわけではない。「そんなつもりはなかったのに」とか「勝手に痛がってるだけだ」とか「いちいち気にしすぎ」とか、「痛い」と言った側が悪者にされる場合だってある。このクラスメイトたちに痛みを理解してもらうためのハードルがいくつも目の前に立ちはだかり、怯《ひる》んだ私は何もできないまま、その場をやり過ごした。

あの時私はどうすべきだったのか。その答えは出ず、消化不良のまま年が明け、一九九八年になった。大学の一般入試が始まり、クラス全員が揃わないことが当たり前になっていくと、高校生活の終わりが目前なのだと感じ、寂しさが襲ってくる。いろんなことがあったけれど、最初はあんなに嫌だった高校生活も、終わりが近づくにつれすっかり手放したくない愛しいものに変わっていて、私は卒業までの一日一日を慈しみながら過ごすようになっていた。そうなってみるといよいよ、何も起こらなかったことにしたまま卒業するのは嫌だという気持ちがむくむくと湧いてきた。政治経済の時間に先生から部落問題についてみんなに伝えてもらうことはできなかったけれど、ホームルームなら何らかのメッセージをクラスメイトたちに伝える時間をもらえるのではないか。政治経済の授業のことで相談に乗ってもらった経験から、担任の先生にある程度の信頼感を持った私はまた放課後に職員室を訪ね、文化祭の前日にあった出来事を伝えて相談を持ちかけた。

「これはみんなが部落問題をよく知らないからこそ起きたことだと思うんです。だからこそ少しでも身近なことだと感じてもらうために、クラスのみんなに部落問題について伝える時間をホームルームで作ってもらえませんか」

先生は、少し考えてから私に尋ねた。

「わかった。具体的に、どんなふうに伝えたい？　みんなの前に出て直接話をする？」

「直接話すと私は泣いちゃいそうだから、クラスのみんなに宛てた手紙を書きたいです」

部落のことを人に話すのは、自分の心の中の壊れやすい柔らかい部分を取り出して人に見せることのような感覚がある。本当は、それを取り出して見せても傷つけられないと安心して話せる環境がほしかった。でも、それは現状では叶わない願いだ。だから、傷つくことも覚悟でエイヤァーッと取り出すしかない。その作業をするだけでも私にはたくさんの勇気が必要で、いっぱいいっぱいになってしまうだろう。私がみんなの前に出て突然泣きながら話し始めたら、あの時大貧民をやっていた子たちを責めているように受け取られてしまいかねない。私は責めたいのではなくて、部落のことを知ってほしいし身近なこととして考えてほしいのだ。

　帰宅してから私は、普段ほとんど使うことのない自室の勉強机に座り、レポート用紙を広げた。書きたいことの内容を思いつくまま付箋に書き出して、どういう順番に並び替えたらクラスメイトたちに理解してもらいやすいかを考えながらペタペタと付箋を張り替え、手紙の流れを作った。文化祭の前日に起きたことがショックだったこと。教科書で穢多・非人と書かれている身分の人たちが私の祖先であること。その人たちに対する差別は今もなくなっていないこと。つまり私もその差別を受ける立場にあること。それ以外にも差別的な言葉がクラスの中で飛び交うと、差別があるという現実を突きつけられている気がしてつらいこと。過去のことは仕方ないけれど、これからは差別をしない努力をしてほしいこと。そして最後に、差別に苦しんでいる人が近くにいたら力になってあげてほしいと書いた。

　書き上げた手紙を担任に提出してしばらく経ったある日の帰りのホームルームで、先生はいくつかの連絡事項をいつものようにみんなに伝えた後、改まったように話し始めた。

「今日はみんなに聞いてもらいたい話があります」

　そして、私が書いた手紙をプリントしたＢ４の紙を配りながら、続けた。

「読んでもらったらわかると思うけど、この話を聞いた時、先生はショックでした。このクラスの中でこんなことが起きていたのを知らなかったし、こういう発言をすることで傷つく人がいるということをちゃんと知っておいてほしい。みんな、しっかり読んでね」

この日、手紙が配られることを事前に知っていたので、私は朝からずっと緊張していた。もしかしたら誰かに何か文句を言われることがあるかもしれないし、直接言ってこなくても心の中でこの手紙を否定的に受け止める人もいるかもしれない。みんなの反応がものすごく気になったけれど、私は前から二列目の席に座っていて後ろの席の生徒たちの様子がまったくわからず、学期初めにくじ引きでこの席を引いてしまった自分の運の悪さを呪った。

数分後、担任の先生がホームルームの終わりを告げたが、私は振り返って誰かと目が合うのが怖くて、しばらくそのまま自分の席から動けなかった。すると、仲の良かった友人たちが私の傍に駆け寄ってきてくれた。

「がんばったね」

「ちゃんと読んだからね」

そう言いながら私を囲んで、労ってくれた。友人たちの言葉にようやく緊張の糸が切れた私は、顔を上げた。そしてチラッと「穢多・非人」と言って遊んでいたクラスメイトのいる方を向き、表情を覗《うかが》った。その子は何事もなかったかのように友人たちと談笑していた。もう本人は忘れているのかもしれないし、覚えていて気まずいのか、心の中では怒っているのか、どんな気持ちでこの手紙を受け取ったのかはわからない。けれど、自分にやれることはもうやったし、文句を言ってきたり悪意を向けてきたりされなかったからそれでもう十分だと思った。

後日、この日に休んでいたクラスメイトが話しかけてきた。

「あのさ、机の中に入ってた手紙読んだんだけど、ああいうのってさ」

その子は強めの口調でそう言いかけて、「あ、いいや。やめとく」と、踵《きびす》を返して去って行った。あまり良いことを言うような口ぶりではなかったから、その子がそこで止めたことにその時はホッとしたものの、あの時本当は何を言いたかったんだろうと、私は今でも思い出すことがある。

程なくして、高校の卒業式がやってきた。君が代のプレッシャーがない初めての卒業式で、私は、中学の時にそうしたいと思っていたように、ただただ友人たちとの別れを惜しんで泣いた。開始早々泣き始めた私に、

「ちょっといくらなんでも早すぎだよー！」

と肩を叩きながら突っ込んだクラスメイトも、そう言いながら泣き出した。一旦落ち着いても、卒業生点呼の際に誰かがふざけた返事をして笑うたびに泣き、「今思えば、ここで過ごしたなんてことない時間が自分にとっては宝物だった」という同級生の答辞に泣き、自分でもよくこんなに涙が出るもんだと驚くくらい、私は泣き続けた。君が代がないことの解放感とともに、一から人間関係を作ることへの不安を抱えた入学式から三年間、投げやりになったこともあったけれど、部落について伝えることを諦めきれずにジタバタした結果紡ぐことができた、翻訳なしで話せる友人たちとの時間がきっとそうさせてくれたのだ。それは、とても幸せな卒業式だった。

ドキュメンタリー映画と出会う

就職差別を身近に感じた中学生の時に、人手が不足している医療系の資格職に就こうと考えた私は、高校入学後、進学先を看護専門学校に定めた。だが、私が最終的に選んだのはまったく医療とは畑違いの世界だった。

ことの始まりは高校三年のクラス替えだった。私の通っていた高校では、高三になると志望する進路別にクラス分けがされる。私は医療看護系や公務員、国公立大学を目指す生徒が集まるクラスに入った。だが、希望や憧れをもって看護師を目指しているクラスメイトたちと接するうちに、自分の中に看護師という仕事に対する興味や熱意がまるでないことに気づいた。それどころか、人の命を預かるような責任の大きな仕事が私に務まるのだろうかという不安が日に日に大きくなっていった。看護師という仕事に対しても、自分の人生に対しても、「人手不足だから就職差別を受けにくいのではないか」という消去法で選ぶことは失礼なのではないか。差別に対する恐怖から「これしかない」と思い込んでしまっていたけど、本当にこのまま看護師を目指すのがいいのだろうかと疑問が湧き、一度白紙に戻してじっくり考えてみることにした。

ちょうどその頃、わが家ではちょっとした事件が起きていた。東京のローカル局であるMXテレビで放送されるドキュメンタリー番組の取材が来ることになったのだ。毎年十二月にある人権週間に合わせて放送される啓発番組とのことだった。部落問題がテーマの啓発ビデオや啓発映画はいくつもあるし、私も見たこともある。けれど「テレビドキュメンタリー」を、私は過去にひとつだけしか目にしたことがなかった。私が小学生の頃、深夜に放送されたそのドキュメンタリー番組を録画予約するために、両親が大騒ぎだったことから印象に残っている。

いつだったか、「在日韓国・朝鮮人とか障害者とか、社会の中で差別を受ける立場の人たちはテレビのドキュメンタリーやニュースの特集などで取り上げられるのに、どうして部落のものがめったにないのか」と母に尋ねたことがある。母は、「部落問題はメディアでタブー視されているから」と教えてくれた。メディアで起きた部落差別への抗議や、部落問題を扱った際の「もう差別はないのに取り扱って差別を余計に広げるようなことをするな」というまた違う角度からの抗議などによって、メディアが及び腰になっていることが理由だという。だから、相当な問題意識や覚悟がある人でないと部落問題を扱おうとしないのだと。そんな「めったにないこと」がこれから起きようとしているのだ。

「お父さんもお母さんも取材を受けてて、多実たちにも取材したいっていうんだけど、どう?」

母から打診されたとき、「知られていない」ことが自分が日々感じているつらさの根っこにあると感じていた私にとって、それはとても理想的な機会に思えた。まずはディレクターに会って話を聞いてみることにした。やってきたのは物腰の柔らかいおじさんとおばさんで、おじさんがディレクター、おばさんがプロデューサーという役割分担になっており、ふたりは夫婦だという。そして、主にドキュメンタリーを扱う制作会社をやっているというのだ。テレビ番組というものはテレビ局の社員がつくっているのだと思っていた私は驚いた。

「テレビ局から依頼を受けて制作会社というところが番組をつくることも多いんだよ」

ディレクターのおじさんはそう教えてくれた。出演するのは恥ずかしかったけれど、それ以上に私のような存在がこの東京にもいるということを知ってもらいたい気持ちが強かったから、取材を受けることにして、高友《こうとも》に参加する様子と、短いインタビューを撮影された。

この番組は、「家族の絆」というタイトルで放送された。「部落問題って知っていますか？」「え、あんまりよくわからないです」というやりとりの街頭インタビューから始まり、この東京にも部落出身者が暮らしているんですよと、私たち家族を含め、何人かの被差別当事者が登場するという内容だった。ローカル局の番組だし、自分から知らせた以外の身近な人が観ることはないだろうと思っていたのだが、予想外のことが起きた。ある朝、自転車で登校中、私の隣に、スーッと一台の自転車が並走した。顔を合わせれば少し話をするくらいの同級生だった。

「コマーシャル見たよ。テレビ出てたよね？」

どうやらこの番組の宣伝をテレビで見たらしい。こんなふうに偶然目にしてもらうことができるテレビというメディアの力に、私はすさまじく感動した。ほんの数日の出来事だったが、この経験がこのタイミングでやってきたことが私にとっては運命的なことだった。『部落のことをもっと知ってもらいたいという問題意識＋進路が白紙＋ドキュメンタリー制作という仕事がある＝私もそこを目指すしかない』そんな図式が私の中で出来上がったのだ。かくして私は映像制作が学べる専門学校に進路を決めた。

私が進学した専門学校は映像について幅広く学べるところで、ドキュメンタリー制作の授業は二年生にならないと始まらなかった。これだ！　と思える将来の職業を見つけたことで気持ちが前のめりだった私は、入学と同時にビデオカメラを購入し、とにかくなんでもいいから記録に残していこうと、身の回りの出来事を記録するようになった。専門学校生になって初めて電車通学するようになり、行動範囲が広がったことで学校帰りに映画館へ行く習慣もついた。専門学校が山手線で新宿と池袋に挟まれた高田馬場にあったことで、学校帰りにふらっと映画館に寄れるようになったのだ。私はもともと映画好きというわけでもなかったのだが、「将来ドキュメンタリーを撮りたい」と高校時代に取材を受けた制作会社のご夫婦に相談したところ、「とにかく今はいろんな映像を観て自分の感性を磨いたほうがいい」と勧められ、意識的に映画を観るようになっていた。映画を観始めて間もなく、私は、テレビでコマーシャルをしているような有名な映画だけでなく、ミニシアターと呼ばれる、大手映画会社の傘下ではなく独自に映画を配給している映画館があることを知った。たとえばドキュメンタリーがよく上映されるBOX東中野（現・ポレポレ東中野）や、ミニシアターの草分けであるユーロスペースなどだ。そこで上映されているマニアックな映画に私は夢中になった。中でも当時オウム真理教の広報部副部長だった荒木浩《あらきひろし》氏に密着したドキュメンタリー映画『A』（森達也監督）は、当初はテレビ用に撮影を始めたものの、テレビでは放送できないと判断され、映画として上映することになったというエピソードを知り、テレビでは部落問題を扱うのが難しくても映画という表現方法なら作品として形に残せる可能性があるかもしれないとも思い始めた。

映画館に行くと、目に付いたチラシを手にとり、次はどの映画を観に行こうかと計画を立てる日々を過ごしていた一九九九年の春。「映画美学校」という数年前にできたばかりの映画学校にドキュメンタリーコースが開設されるというチラシをあちこちの映画館で見るようになった。週に一回金曜の夜、月に一回土曜に授業があるという。映画学校とはいってもカルチャースクールのような形態で、これなら私も今の専門学校に行きながら通える。ドキュメンタリーを専門的に学べる場があることに興味をそそられたものの、唯一の懸念は、主任講師である佐藤真という映画監督のことを私がまったく知らないことだった。代表作は『阿賀に生きる』という硬派そうなタイトルの映画だ。せめてこの作品を観られたら……。そう思っていた矢先、池袋で佐藤真さんが講師を務める三日間のワークショップが開催されるという知らせを目にした。『阿賀に生きる』の上映もあるという。専門学校二年目の夏休みのことだった。

『阿賀に生きる』は新潟水俣病の患者さんを撮影したドキュメンタリー映画だという事前情報

だけを携えて参加したワークショップ初日。この講座のチラシに載っていた眼光鋭い佐藤さんの顔写真を思い浮かべ、さぞ厳しい人がくるのだろうと身構えていた私は面くらった。

「いや〜、どうもどうも」

大きな体をきゅっと丸めてニコニコしながら佐藤さんは教室に現れた。髪はふわふわしたくせ毛で、そのふわふわ感そのままの、柔らかい雰囲気の人だった。

この日上映された『阿賀に生きる』には、新潟水俣病の患者さんを中心に阿賀野川周辺で生きる人々の日々の営みが描かれていた。新潟水俣病について社会に訴えるためのコマとしてではなく、阿賀という土地に暮らす一人ひとりの人間の人生が刻まれていた。それまで私が観てきた部落問題の啓発ドキュメンタリー作品は、いつも何らかの主張が先にあり、その主張のために人々の生活の様子や発言がつなぎ合わされていくもので、出演する人々が主張のためのコマとして使われているような違和感があった。私は部落民という属性を持ちながら生きているけれど、それが私のすべてではない。ご飯を食べたり、友だちと遊んだり、特に珍しくもない日常がほとんどだ。そんな日々の暮らしの中でふとした時に、自分は部落民なんだと突きつけられる事態に直面する。なんでもないありふれた日常があるからこそ、そんなふうに突然訪れる事態が心をえぐってくるのだ。私はいつか、そういうことをきちんと表現できるドキュメンタリーが撮りたい。そんな理想を抱いていた。

なんの予備知識もないまま『阿賀に生きる』を観た私は、既に私の理想を形にしている映画があるじゃないかと驚き、そして、こういう作品が評価されているという事実に、これから自分がしようとしていることを肯定してもらったような気持ちになった。

「今まで存在を知らなくてごめんなさい。でも、これまで観てきたどの映画よりも感動しました。よくわからない人が主任講師だけど、専門的にドキュメンタリーが学べるからとりあえず、ではなくて、むしろ佐藤さんが主任講師だからこそ受講したいです！」

私は心の中で叫び、三日間のワークショップ初日にして、映画美学校への入学を決意した。

秋になり、映画美学校のドキュメンタリーコースがスタートした。それは、私にとってなんとも新鮮な時間だった。

授業は、ドキュメンタリーのつくり方について手取り足取り教えてくれるようなものではなかった。とにかく皆が作品を撮り、それを批評し合う中で、ドキュメンタリーとは何か、フィクションとノンフィクションに違いはあるのか、生身の人間をカメラで撮影して、その人の人生を切り取ることの暴力性とどう向き合うのか、といった問題意識を議論し合った。受講者の年齢層は、学校というからには同世代が多いのかと思いきや、現役の学生よりも既に働いている人たちの方が多いくらいだった。慶応とか早稲田とか、テレビでしかその存在を知らなかったような有名大学出身の人たちもいれば、中卒で働いている人やそもそも学校に行っていないという人もいた。しかし世間では価値があるとされている肩書き的なことにはまったくと言っていいほど価値が置かれず、評価されるのは作品や発言の面白さにおいてのみという、とにかくその人の内面が問われる場で、それが私にはとても居心地が良かった。

そして、映画美学校のこのクラスの中では、「部落」という言葉がすんなり通じ、説明が不要だったことが何より嬉しかった。授業初日は、受講者が自己紹介としてどんな作品を撮りたいと思っているのかをスピーチするというものだった。

「部落問題を撮りたいです」

私は宣言した。

「どうして？」

「部落問題っていうけど、その中で何が撮りたいの？」

これまでの人生でつきものだった「それは何？」という視線も質問もここでは一切出ず、中身についての突っこんだ質問を受けた。今までこういう状況に出くわすと、私はいつも説明を求められていた。こっちはそんなこと知らないんだよ。だからその話がしたいなら、こっちにわかるように説明しなよ、と。でも、ここでは説明を求められなかった。今思えば、クラスの中には部落問題を知らない人もいただろう。しかし、相手が部落問題を知らないのは私の責任ではなく、知らなかったその人の責任だというスタンスが貫かれていたように思う。運動ではないコミュニティの中で、こんなふうに説明も翻訳も不要で部落について話が進んでいくのは、私にとって初めての経験だった。このような場所に出会い、スルッと自分を受け入れられたことで、これまで私が抱えていたつらさの一因は、ずっと説明責任を一方的に負わされてきたことや、相手がわかるように説明できなければ話を聞いてもらえないという非対称性を突き付けられることにあったのだと気づくことができた。

佐藤さんの授業の中では何度も「プロパガンダ」という言葉が使われた。プロパガンダとは、何らかの思想や主義に誘導するために作品がつくられること、とでも言ったらいいのだろうか。佐藤さんはドキュメンタリーはプロパガンダとは切り離されなければいけないと繰り返した。私は、自分が今まで観た部落問題の啓発ドキュメンタリー作品に違和感があったのも、佐藤さんのドキュメンタリーに惹かれたのも、このプロパガンダ映画であるか否かというのがポイントだったんだろうと、次第に整理がついていった。そして、私はプロパガンダではない部落の映画がつくりたいという明確な目標を持つようになった。初めて会った時には「ほんわかしたおじさん」だと感じた佐藤さんは、基本的にはやはりほんわかしつつも、ときどきキリッとした鋭い目をする人で、とても優しいけれど厳しい人でもあるということもわかってきた。その厳しさというのは、言い換えれば被写体に対して真摯であるということでもあり、どんなに配慮したとしても、生身の人間の生活を切り取り、ある意図をもって編集して作品にすることの暴力性から逃げも開き直りもせず、苦しみながらも向き合い続ける覚悟のようなものだ。今振り返ると、ドキュメンタリーというものを学ぶ上で、最初にその暴力性や覚悟について徹底的に佐藤さんに叩き込んでもらったことは、私の人生においてこの上なく幸運なことだった。

部落解放運動との距離

佐藤真さんと出会い、ドキュメンタリー映画の世界に飛び込むことを決心した同じ夏、私の中では大きな「事件」が起きていた。

悩み多き高校生だった私を救い、大きく変えてくれた全国高校生集会（全高《ぜんこう》）が一九九九年、東京で開催され、既に高校を卒業していた私も高校生友の会（高友《こうとも》）メンバーのサポートスタッフとして準備段階から参加していた。東京の高校生たちは人数が少ないながらも、環境の違いを乗り越えて部落問題に共に取り組みたいという想いが全国の高校生と共有できるような集会にしたいと目標を掲げた。初日の全体会での発表のために、自分の学校で部落問題に関する意識調査をしたり、その過程でクラスメイトに部落の出身だということをカミングアウトしたり、地域で部落産業を営む人にインタビューして映像作品をつくったり、一生懸命準備に取り組み、集会を迎えた。準備期間中、私や高友メンバーたちは、解放同盟の職員やサポートしてくれる大人たちの物事の進め方に不満や違和感を持つことがたびたびあった。高校生たちの意見を聞くことなく物事が決められたり、そのプロセスがはっきりしなかったのだ。この集会は毎年開催されているものだから、効率的に準備を進めていくためのルーティン化された段取りがあり、それ通りに進められていただけなのかもしれない。あるいはたまたま、この年だけ集会の担当者がそういう進め方をする人だったのかもしれない。私は地元が主催となる集会に準備段階から参加したのはこれが初めてだったから、何がその要因だったのかはわからない。

そういうことが起きるたびに、高校生が中心であるはずの集会なのだから実行委員の高校生を抜きに進めないでほしい、高校生の意見を尊重してほしい、高校生は組織の思い通りに動かしていいコマではない。私や東京の高友のメンバーはいちいちそう主張した。そんな思いがほとばしる私たちに、周囲の大人たちは諭すようによくこう言った。

「組織っていうものは、そんなに簡単にはやり方を変えられないものだ」

「組織を変えたいのなら、組織の中で時間をかけて粘り強く働きかけないといけない」

「差別をなくすという大きなことを成し遂げるには、小さな我慢は必要だ」

大人たちが重視しているのは、おそらく「組織としての成果」だ。それを優先することによって大きなうねりが生まれ、社会が変わり、ゆくゆくは自分たちの周りも変わっていく。そういう成功体験を実際に積み重ねてきたからこそのアドバイスなのだろう。しかし私は、こういう発言をする大人たちに不信感を持った。運動の成果のためなのだから、少しくらいの理不尽は受け入れるべきだと言われているように感じたからだ。しかし目の前の小さな理不尽すら解決できずに、どうやって差別なんていう大きな理不尽を解決できるというのだろう。目の前の一つひとつの理不尽を解決する先に大きな問題解決があるんじゃないのか。諭すような言葉をかけられ続けることで、むしろ疑問が大きくなっていった。そんな中、事件が起きた。

　三日目の全体会では実行委員の代表がまとめの感想を発表することになっていたのだが、二日目が終わった時点でも誰が担当するのかを決めていなかった。そのことに気づいた私は、解放同盟の集会担当者のところへ慌てて出向き、尋ねた。

「実行委員の感想の文章って、いつまでに出せばいいですか？」

「感想の文章は僕が明日までに書いておくから、それを誰が読むかを決めておいて」

「え？　実行委員の子たちが考えて書いて発表するんじゃないんですか？」

「うん、違うよ」

　このやりとりに、引っ張り続けていたゴムが切れた時のように、私の中で何かがパチンと弾けてしまった。実行委員の高校生たちが宿泊している部屋に行き、事の顚末を話すと、皆泣きながら憤っていた。私も一緒になって泣いた。自分たちの主体性が平気で踏みにじられたように感じて、傷ついていた。目を腫らしながら話し合った私たちは、翌日のまとめの全体会では担当者に渡された感想を読んだ後、自分たちが考えた感想を改めて読むことに決めた。あとでものすごく怒られるだろう。だから現役の高校生たちにそんな思いをさせるのは酷だと考え、既に高校を卒業している私が読み上げる役目をすることにして、みんなで泣きながら感想を書き上げた。

三日目、まとめの全体会当日。

「実行委員会からの感想をお願いします」

司会のアナウンスに従って実行委員のひとりがあらかじめ用意されていた感想文を読み上げた。本来ならここで次のアナウンスが入るはずだが、間髪《かんはつ》を入れず、私は舞台袖から壇上に歩き出し、マイクの前に立った。

「今のが、解放同盟が用意してくれた原稿です。次に、地元東京の高校生友の会からみんなにメッセージを送りたいと思います」

そして、自分たちが用意していた感想を発表した。

「私たちは、高校生集会とは、高校生の意見を尊重する高校生のための集会であるべきだと思い準備を進めてきました。でも集会が始まってみると、私たちと集会本部との約束が無視され、強引に本部側のやり方で通されてしまったことがいくつかありました。この集会は解放同盟の主催ではあるけれど、解放同盟のためのものではなく、高校生のためのものだと思うので、高校生の気持ちを踏みにじるようなことを、次回からはしないでほしいと思っています。でも私たちは、解放同盟を嫌だと思っているわけではありません。むしろ私たちは解放運動によって出会い、友情を深め、差別について学ぶことができたのだから、解放運動をとても大切に思っています。だからこそ、違うと思うことには違うんじゃないかと言いたいし、そうやって議論を深めて、より良い運動を展開していくべきなんじゃないかと思います。みなさんもこの集会をきっかけに、言われるままに運動をするのではなく、自分と部落、自分と解放運動の関わり方について考えてみてほしいと思っています。この集会に来てくれてありがとうございました」

発言を終えて舞台袖に下がると、集会はそのまま何事もなかったかのように進行し、やがて閉会した。私たちが持てる時間とエネルギーを注ぎ込んで準備してきた、この東京での高校生集会は、後味悪く幕を閉じた。終わった、やり切ったという達成感よりも、自分たちが壊れないようにこうするしかなかったという無力感のほうが大きく残った。

控室に戻ると、高友の担当だった解放同盟の職員は、神妙な顔つきで私たちを迎えてくれた。

「お疲れさま」

その人は初めて参加した集会で、ゼッケンをつけるかどうかの判断を私たち一人ひとりの判断に任せてくれたことにはじまり、それまで、いつも私たちの考えを尊重してサポートしてくれた数少ない大人のひとりだった。なのに、私たちの行いのせいで、この人が責任を問われる事態にもなりかねない。それでもその人は、私たちを批判したり否定したりすることは一切なかった。組織というものは大きくなればなるほど複雑な事情や人間関係が絡み合い、事がシンプルには進んでいかないものなのだということは、自分が大人になってしまえば理解できる。それでもその担当者は、最後まで私たちにそういう「大人の論理」の押し付けをしなかった。それどころか、自分が属する組織やその中の論理と、部落問題に向き合い始めたばかりの純粋すぎる思いを持った若者たちとの間で、あえて板挟みになって私たちのことを守ってくれたのではないかとすら思う。「もう最悪だ」と思うような状況でもいつもこうして一筋の光のような人がいてくれることで、私は絶望しきらずに済んでいるのだろう。

集会の最終日に自分たちで考えた感想文を読み上げることにした段階で、私は解放運動から離れることを決めていた。日々マイノリティ性を突きつけられる日常生活から救いを求めて参加した解放運動の中でもやっぱり私はマイノリティで、また別のつらさがあった。「大きな組織での運動」の中で疲弊した私は、高校でそうしていたように、普段の生活の中で、身近にいる人たちに部落問題を伝えていくという、手応えも充実感も感じられる「私なりの運動」をしていくことの方が自分には合っていると思った。「個人で何かをしようとしてもたかが知れている。大きな運動だからできることがある」と複数の大人の人から言われたが、納得できないやり方を我慢して続けるくらいなら、私にできることがたとえ「小さい」ものであっても、それでいいと思った。私はその、納得できる小さなことを積み重ねた先にこそ、大きな希望や成果があるはずだと信じたかった。

この運動に参加したからこそ出会えた大切な人たちがいて、中には真摯に向き合ってくれる大人もいて、確実に私を支えてくれた。私はここから離れるけれど、ここが必要だという人もたくさんいるんだろう。ただ、ここは私の居場所ではなかった。

「運動」の家からの独立

「インタビューの課題が出てるから、答えて」

私はそう言って父を居間に呼び出した。映画美学校のドキュメンタリー・コースで、年末年始の休み期間になんでもいいいから「インタビュー」を撮ってくるように、という課題が出されていたのだ。

「はいはい」

専門学校入学と同時に購入したビデオカメラで、当時すでに何度も私が家の中を撮影していたからか、カメラの前にそう答えながら座った父はすっかりカメラ慣れしているようだった。

「ちょっと、文句があるんだけど」

私は切り出した。この夏の全国高校生集会（全高《ぜんこう》）で起きた「事件」以降、私たち親子の間には緊張状態が続いていた。運動から離れた私に対し、父からは、あなたのやりたいことも言ってることも理解できないけど、お父さんたちはお父さんたちのやりたいようにやるから、あなたもあなたで勝手に好きなようにしたらいい、と認めてくれているのか突き放されているのかわからない宣告を受けた。それまで絶対だと思っていた親という存在に対し、子どもが自分の考えや価値観を確立して自分の道を歩み始めたという、一般的な子離れ親離れの過程だと言えばそうなのかもしれない。

しかし私は「何を今更」と腹が立った。私には親が正しいと思うことを子どもの頃からずっと押し付けられてきたという憤りがあった。たとえば卒業式の君が代で着席するかどうかについて、「お父さんとお母さんは座る」「〇〇ちゃんは座ったって」とわざわざ両親が私に言うことは、両親が私に座ることを望んでいるというメッセージとして受け取らざるを得なかった。厳密に言えば親に強要されたわけではないのかもしれない。だけど、「親の願い」「親の想い」を語られるたび、それはつまり私にそうしてほしいということなんだろうと、私は感じ続けてきた。父も母も、自分が思う正しさを貫き通す「背中」は見せてくれた。しかし私は、その姿を子どもがどう受け取っているのか、たまには私のほうに振り返って、私がどんな表情をしているのかを見て、私の声を聞こうとしてほしかった。そしてその声を尊重してほしかった。

私が苦しいのは差別があるからだ、ずっとそう思ってきた。そのことに間違いはない。そもそも差別がなければ差別と闘うことの苦しみを味わう必要はないのだから。しかし東京での全高準備が始まって以降、私のつらさは単に「差別があるから」だけではなく、それと闘うことを両親が半ば「強いた」ことも関係があるのではないかと思うようになっていた。

「差別に負けるな」というスローガンのもと、ずっと無理をしてきて苦しかったのに、そこには目を向けずに「じゃあこれからはご自由に」って、あんまりだ。何も言わずにそっと家を出て独立するという手もあったが、最後にこれまで思ってきたことをきちんとぶつけよう。私はそう決意した。不満はありながらも、私は両親のことが好きだし、両親も私を大切に思ってくれているのなら、私の気持ちをわかろうとしてくれるはずだという微かな期待があった。いや、そうであってほしいという願望と言うべきだろうか。カメラを向けた相手が父だったのは、私は子どもの頃から父と過ごす時間が長かったこともあり、思ったことを素直にぶつけられる相手だったからだ。

「エヘへ、なんだよ」

「運動のことを、あんまり家の中に持ち込まないでほしい。私は運動にコマとして利用されるみたいな感覚があって、腹が立つから」

「そんなこと言われても、お父さんもお母さんも運動が仕事なんだし、生き方の問題でもあるから、はいそうですかってわけにはいかないよ」

「でも、私の気持ちは本当にわからないの？　たとえば高校生の時、何も伝えずにいきなりあの大臣（長官）に会わせたこととか、悪いなって思ったりしないの？」

困った時にエヘへと笑う癖がある父は、自分の立場が悪くなるとヒヒヒッと息を吸い込みながら激しく笑う。

「ヒヒヒッ、あったね。あんたに何の説明もなく、ヒヒヒッ。なんとかって大臣に会わせたこと。あれは確かに、ヒヒヒッ。利用した」

こっちは大真面目なのに、この人はこんな大事なことをなぜ笑いながら話すんだ。そんな腹立たしさを感じながらも、「よし、いい画《え》が撮れたぞ」と思う自分もいた。

年明け、このインタビュー動画を授業で発表すると、父の「ヒヒヒッ」に釣られるようにクラスでは笑いが起きた。

「練習用の課題なんだから身近すぎる人を撮るのは推奨できないけど、お父さんのキャラクターはいいし、面白い」

佐藤さんから高評価をもらったことで、私はこのまま家の中のやり取りを撮影し続けて、ひとつの作品にすることを考え始めた。部落差別なんてもうないと言われる社会で、部落問題が原因で揉める親子がいるということを形にして残したい。「部落差別はない」なんて言わせないために。なぜ私たちがこんな諍《いさか》いをしているのか、考えてもらうために。

インタビュー課題の後も、私は何度も父にカメラを向けて対話を試みた。いや、対話というよりは文句を言い続けたというほうが正確かもしれない。カメラを挟んで父と向かい合うと、生まれながらに闘うことを強いられ、両親の思う「正しさ」を押し付けられたことに対する怒りがとどまることなく溢れ続けた。父とは何度もぶつかり合った。しかし父はいつも、「良かれと思ってやってきたことだし、子どもたちに悪いことをしたという気持ちはない」と繰り返すばかりだった。しかしある日、父は突然、私の要求に応じてくれた。

「わかった、わかった。じゃあ、あなたたちも過ごすこの居間では、運動の話をしないよ」

父が私の気持ちを理解して受け入れてくれたというよりは、私のあまりのしつこさに応じるしかなかったという妥協的態度が透けて見えてはいた。けれど、自分の主張が認められたことで、父が私を尊重しようとする気持ちが少しはあるのだと感じ、私は嬉しかった。それでもときどき、居間で食事をしていると父と母が業務連絡とばかりに運動の話をすることもあったが、回数は格段に減り、運動に関して私に何か言ってくるということはなくなった。

年末年始に本格化した家の中での撮影はその冬の間続き、それによって家の中の空気がちょっとギスギスしつつも、春になり、三月に誕生日を迎えた私は二十歳になった。その直後の二〇〇〇年四月九日。当時東京都知事だった石原慎太郎氏が、自衛隊の記念式典の中で「不法入国した多くの三国人、外国人が凶悪な犯罪を繰り返している」と発言した。いわゆる「三国人発言」だ。そのニュースを見て私は嫌な予感がした。そしてその予感は的中した。

夕方、仕事から帰宅した母は、大量の新聞を抱えていた。「三国人発言」を各新聞社がどのように報じているのかを検証するために買い集めてきたのだ。それらはどさっと居間のこたつの横に置かれた。そのまま母は夕食を作り、私はカメラを手に取って撮影の準備を始めた。

「さあ食べよう」

夕食を作り終えた母が声をかけ、父が食卓におかずを並べ、私はその様子を少し離れた廊下から撮影した。

「なんで中面なんだよ、一面で取り上げろホントに。きったねえな」

「ひどいね」

「こっちもひどいけど、いちばんひどいのはその記事だね」

夕食を目の前に、父も母も憤りを口にしながら新聞を読み比べている。すぐ横にあるテレビではアメリカのコメディドラマが放映されていて、妹は両親の会話をよそに、テレビを見ながら夕食を食べ始めた。取り決めを交わす以前の我が家ではよく見られた光景だ。

「ねえ、こういう話はしないって約束したじゃん」

私は居間にカメラを向けたまま、不満を申し立てた。

「約束したのは部落問題についてはないということだけでしょ。これは部落問題の話じゃないじゃん」

母はそう言ったかと思うと、ものすごい勢いで食事を済ませ、バタンッと大きな音を立ててドアを閉め、居間から出て行った。

「これは運動云々って話じゃないでしょ。こんな差別発言、許せないじゃないか。そういう話もするなっていうのか？　興味がある話をするのは自然なことじゃないか」

父はめずらしく強い口調だった。確かに部落問題の話ではないし、運動の話でもない。差別に怒ることがいけないのでもない。父と母の立場も頭ではわかる。でも、こういうのは嫌だ。だってこうやってずっと、父や母の「正しさの押し付け」を、私がどう感じているのかは知ろうともせずに目の前でこれみよがしに伝えられることが苦しかったのだ。でも、父にも母にも、私のその気持ちはどうやら伝わらない。父や母が何をどう考えているかということから切り離されたところで、私自身が部落問題や差別に対してどう考えるのかということを見つめ直したかったけれど、この家にいたらそれはできない。私は家を出る決心をして、父に告げた。

父と母の子どもとして寂しさを感じる一方で、ここで区切りがついたことでドキュメンタリー作品として完成させることができるかもしれないと、どこかその状況を俯瞰して見ている私もいた。

人生で初めてのひとり暮らしとともに、私は父を撮影した映像を編集し、作品としてまとめる作業をスタートさせた。自分の身に起きたことを振り返るしんどさと、そのしんどさを意味のないものにしないために、絶対、形にしてやるんだという作家としての野心との間を行ったり来たりしながらつくった仮編集テープを映画美学校の授業に持って行き、佐藤さんやクラスメイトに講評してもらってはまた編集し直すという日々を過ごした。前年の十月に始まった授業は、一年間のカリキュラムが組まれていて、授業を通してつくられた作品の中で優秀だと認められたものは、渋谷のミニシアター、ユーロスペースのレイトショーで一般公開してもらえることになっていた。私はその選抜入りを目指すことにした。

プロパガンダではない部落問題の映画をつくりたい。当初の目標はこのままいけば達成できるかもしれない。でも、私が惹かれた『阿賀に生きる』のような、社会問題を内包する状況を冷静に見つめながら、人間の日々の営みがしっかりと描かれている作品とは、ずいぶん離れたところに辿り着いてしまったような気もする。ある日の映画美学校からの帰り道、同じ路線の電車を使っていた佐藤さんと私は一緒に帰ることになった。私は東京駅のホームで相談のような決意表明のような気持ちを佐藤さんに吐露した。

「私、『阿賀に生きる』がすごく好きなんです。あんな作品を撮りたいと思って美学校に入ったけど、勉強すればするほど、ああいう作品に必要な批評性とか物事を俯瞰して見る力とかって、今の私には全然なくて。でも、そんな今の自分にできることって考えたら、まだ社会のことがよくわかってない二十歳の今だからこその勢いで、このまま完成させるしかないのかなって思うんです」

「うん、今の多実ちゃんの状況からするとその方向でいいと思うよ。お父さんのキャラクターにしても、多実ちゃんが抱えてる問題にしても、作品をつくるっていう点で見れば頭一歩飛び出てるわけ。競馬で言うと……」

競馬でたとえられたから、その後の話は何を言われているのか実はよくわからなかったが、佐藤さんが背中を押してくれているのだということはちゃんと理解できた。

「部落のこと、ずっとつらいことばっかりって思ってたけど、ドキュメンタリーに出会って初めて、マイナスだと思ってたことも武器にしてプラスにできるんだって思えました」

恥ずかしげもなくそんなことを口にした私に、佐藤さんは何も言わず、遠くを見ながら鋭さと優しさの混じった横顔で頷いた。当時、映画業界には若い作家たちが自分自身やその周辺について作品を撮る「セルフドキュメンタリー」と呼ばれる流行のようなものがあり、佐藤さんはそれに批判的だった。ドキュメンタリーは自分探しの道具ではない、他者に対してカメラを向けるからこそ生まれる、被写体との関係性を撮るものなのだ、と授業でも繰り返していた。それでも自分の家族を撮影する私を否定することはなく、自分はその手法は批判するけれど、あなたがそうしたいのなら尊重するというスタンスを貫き、作品への講評を続けてバックアップしてくれた。それは、私が父と母に望んでいた態度そのものだった。両親に対してそれを諦める過程を撮影した作品をつくることで、別の大人から自分を尊重してもらえたという経験は、皮肉な結果かもしれないが、私にとって大いなる救いとなった。

私が中学生の時に、父に妹がいることを知ったこと、父方の親戚の葬儀に「もしかしたら妹も来るかもしれない」と、いそいそと出かけて行った父の姿、結局妹には会えずに帰ってきたときの淡々とした私への報告。そして、改めて父と妹との関係について尋ねたインタビューや「部落問題」の家庭内での取り扱いについての私と父のやり取りから私が家を出ることになった顚末。それらをまとめたドキュメンタリー映画『ふつうの家』は無事コンペを通り、他に選抜された二作品とともに劇場公開されることが決まった。二〇〇〇年秋、そんなふうにドキュメンタリーコースの一年は終わった。

家族の映画か部落の映画か

劇場公開作品に選ばれてからは、細かい編集の直しや整音などの仕上げ作業をしながら宣伝にも取り掛かる忙しい日々だった。それまで、私が一方的に存在を知っているだけだった、現役の映画監督である映画美学校の劇映画コースの講師陣が「面白かったよ」と評価してくれるたびに、私は舞い上がった。ただ一方で、部落問題にはまったく触れずに「親子の話だね」「親が活動家じゃなくて、魚屋とか八百屋とかでも成立した」と評されることもあり、舞い上がりつつも心の中で何かが引っかかっていた。でもそれが一体何なのかうまく言葉にできないまま、二〇〇〇年の年末に劇場公開が始まった。

ユーロスペースでの上映はレイトショーで一週間とあらかじめ決まっていたから、私を含めた上映作品の監督たちは仕事などの都合がつく日は劇場で上映に立ち合った。上映が終わってお客さんがロビーに出てくると、私に気づいて声をかけてくれる人もいた。

「いいお父さんなのに」

「私は断然お父さん派だ」

お客さんから直接もらった感想のほぼすべてが、父に反抗する娘のほうがおかしい、というニュアンスのものだった。ほとんどお説教のような勢いで声をかけてくる人もいた。アンケートでは、「素敵な家族だと思った」「親子がここまで向き合って話ができるのは羨ましい」「お父さん素敵ですね」という回答が多く、「監督はもっと大人になったほうがいい」「考え方が幼い」というものもあった。中には認めざるを得ないものもあったが、やはりモヤモヤしたものが心の中で渦巻く。なぜ皆、父と私の関係を他人事のようにジャッジしようとするのだろう。私と両親がこんな諍いをする背景には部落問題があり、それは私たち親子の問題というよりは、本来これを観ているあなたたちがつくっている社会が生み出し続けている問題なのに。

映画は、観た人がつくり上げるものだ。こちらがどういう意図をもってその作品をつくったとしてもそれを押し付けることはできない。観客が百人いれば百通りの見方があり、百通りの感想がある。それは授業の中でもさんざん言われてきたし、私もその覚悟はあった。でも私が抱いていた覚悟とは、この社会の中で部落問題をどう考えていくのかという次元で「百通りの見方と感想」を持たれるという想定だった。なのにそれ以前の段階で、部落問題については目さえ向けてもらえないというこの現象を、私はどう理解していいのかわからなかった。

わずかではあるが、アンケートの回答の中には、部落問題を自分事として言及した感想もいくつかあった。それらはほぼ「私の家族も活動家です」とか、自身がなんらかの社会活動に関わっていると思われる人からのものだった。映画美学校の授業では、観客の想像力を信頼しよう、だから過剰に説明しすぎる映画は良くないという意見が繰り返し飛び交った。字幕やナレーションで「この作品はこう見るのが正しい」と誘導するプロパガンダ的な映画づくりへのアンチテーゼである。私もその考えに賛同し、部落問題や私の育ってきた状況に関しては最低限の説明しか入れなかった。その結果、私の問題意識が伝わったのはごく少数、部落問題や社会問題について、もともと理解がある人たちだけだったということなのだろうか。部落問題をよく知らないという人に知ってほしくて映画をつくっても、部落問題にもともと理解がある人にしか伝わらないのだったら私がこの映画をつくったことに一体なんの意味があるのだろうとすら思った。

この上映から十二年後の二〇一二年、私は友人の映画作家たちと「マイノリティドキュメンタリー映画祭」というものを開催した。ともにこの映画祭を主催した映画作家たちに『ふつうの家』を観てもらった後、公開当時、部落問題についての映画ではなく親子の映画として捉えられることが多く、私の当初の目論見は失敗に終わったと当時の状況について説明した。

「こんなに政治性を帯びた内容なのに親子の問題として観られるのは、『政治性の脱色』という問題があるからですね」

主催者のひとりであり、この時、性暴力についてのドキュメンタリー作品を出品していた根《ね》来祐《ごろゆう》さんは眉間に皺を寄せながらそう教えてくれた。その問題提起に関心がない人はその政治性の部分をまるっと脱色して、その問題が存在しないかのような視点で観る。そうするとどんな社会問題を内包している作品でも「ただの人間ドラマ」として消費されてしまうというのだ。

「マイノリティが登場する映画は本来、マジョリティを告発する作用を持っているんです。マイノリティが苦しむ社会をつくっているのはマジョリティ側の人間だから。でも、そのマジョリティ性を観客が自覚するのは居心地が悪いから、そこは自分と関係のない問題だと脱色して気持ち良く映画を観ようとすると、『政治性の脱色』という現象が起きるんです」

明快な解説に、私は唸った。もちろん、単に私が親子の問題にフォーカスしすぎたのかもしれないし、部落についての説明が適切ではなかったのかもしれない。伝えたいことが伝わるはずだと期待しすぎた私の目論見が外れたのは政治性の脱色だけが理由ではないだろう。それでも、明確な言葉で当時の状況を解説してもらえたことで、私は十年以上抱えていた違和感が晴れていくのを感じた。

映画美学校のドキュメンタリー・コースはその後も「研究科」として続いていたが、私の気持ちは徐々に映画制作から離れていった。こんなにも部落問題の部分に目を向けてもらえなかった原因がどこにあるのか。おそらく私は制作過程で決定的な失敗をしたのだろうが、それが一体なんなのかを整理できないまま、改善策がわからず、次作の構想を練る気力が湧いてこなかったのだ。そこに拍車をかけるように、様々な人から何度も思いがけないアドバイスをされた。

「次は部落問題から離れた作品を撮った方がいい」

ドキュメンタリー映画作家として力をつけるために、次は別のテーマを撮った方が学ぶことが多いという意味で言ってくれていることは理解できるし、実際にその過程を経て、満を持して部落問題をテーマにした作品づくりに挑むことで、より伝わりやすいものになる可能性はあるかもしれない。しかし私はこのアドバイスを受け入れることができなかった。

映画美学校に入ることを決めた時、私にはふたつの目標があった。ひとつは、私のように東京で、部落の外で暮らしている部落民という存在がいることを映画という形にして残すこと。見えにくいからといって存在していないわけではないのだということを提示することが私にとっては何よりも大事な目標だった。『ふつうの家』を完成させて映画館で上映できたことで、この目標に関してはある程度達成感があった。

問題はふたつ目だ。部落問題をよく知らない人に部落問題を伝え、考えてもらえるような映画をつくること。これに関してはうまくいかなかったし、その理由も整理できないままだった。だがそのこととは別に、映画をつくり上映するという経験を通して、そもそも映画という手法は「よく知らない人に知ってほしい」という私の想いにはマッチしないのではないかと考えるようになった。映画は観客が興味のある作品をわざわざ映画館に足を運んで鑑賞するメディアだ。部落問題以外のテーマにも挑み、時間をかけてこれから力をつけていって、満を持して「部落問題」をテーマにした映画をつくったとして、部落問題をよく知らない人がわざわざ観にきてくれるものなんだろうか。そもそも私は、部落問題に興味がない人であっても偶然目にするかもしれないテレビというメディアのドキュメンタリーに惹かれたはずだった。佐藤さんの映画に出会い、その魅力と方法論に引きつけられ、そして自分を尊重してくれるドキュメンタリー・コースの居心地の良さに当初の目的とは違う映画という道にどっぷりはまり込んでいたけれど、軌道修正が必要だ。部落問題をどう表現すべきなのか、混乱していた私は、ここからテレビドキュメンタリーの世界を目指すという気持ちにもなれなかった。私が求めている「これだ!」と思える方法がなんなのかはわからないけれど、違うと感じた以上、ここに留まる理由はない。それでも、この短くも濃密な時間の中で佐藤さんや映画美学校のクラスメイトたちと議論した作品との向き合い方は、そのまま人生との、人との向き合い方であり、私に大きな影響を与えてくれた。

佐藤真さんは、それからわずか七年後、二〇〇七年に四十九歳で亡くなった。次に会ったら今私が考えていることの話を聞いてもらおうといつも心のどこかで思っていたのに、それはもう叶わなくなってしまった。

佐藤さんが亡くなってから九年後、二〇一六年に『日常と不在を見つめて　ドキュメンタリー映画作家 佐藤真の哲学』という本が出版され、それに伴い、佐藤さんがつくった映画の上映会が企画された。スタッフは映画美学校の卒業生が中心で、私も声をかけてもらいミーティングに参加した。その日、少し遅れて到着すると自己紹介を促された。

「今ちょうど終わったところだったんだけど、多実ちゃんのこと知らない人もいるから、何か挨拶して」

私は、これまで感じてきた正直な気持ちを話した。

「私はもう映画から離れちゃってるんだけど、それでも、日々『佐藤さんならどう言うかな』とか『こんなことしてたら佐藤さんに叱られるかな』とか、何かにつけて佐藤さんのことを思い出します。二十歳そこそこで佐藤さんに出会って、表現とは何かということを突き詰めて考えられたのはとても幸せだったと思うし、その一方で私には佐藤真の呪いがかかってるなって思うこともあります。それくらい、私の中で佐藤さんと過ごした日々は宝物になってます」

挨拶を終えて、ともにドキュメンタリー・コースで青春と呼べるような濃密な日々を過ごした仲間を前に感慨に浸っていた私に、隣に座っていた友人が教えてくれた。

「多実ちゃんが来る前の自己紹介でも、みんな同じようなことを言ってたんだよ」

そうか、ここにいるみんな、佐藤真の呪いにかかっているのか。初めて佐藤さんに会ってから十七年。私は改めて、佐藤真の恐ろしさと偉大さを感じたのだった。

2

〈部落〉を子どもにどう伝える？

結婚と出産

ドキュメンタリー映画に出会い、大いに影響を受けながらも、私がやりたいことはこれではないのだと感じて離れた後は、じゃあ一体どんな方法があり得るのだろうとぼんやり考えながらアルバイトをする日々だった。何か見つかればいいけれど、もしかしたらずっと見つからないままモヤモヤを抱えて生きていくのかもしれないなとも考えていた。しかし、部落問題と向き合わざるを得ない日々はすぐにやってきた。結婚と出産だ。中学時代に父の妹が結婚差別によって父と縁を切ったことを知って以来、したくなった時にすんなりできるのだろうかとずっと心配だった結婚を、私は二十六歳の時にした。ただその後、ものの見方や感じ方のズレから生じる行き違いや溝を埋めることができず、四十一歳で離婚した。相手がいることだから結婚生活の詳細は書くことを控えるが、結婚するとき、相手家族からの反対は特になかった。

結婚に際し、私は「長谷川多実」から「上川多実」になった。本当は、長谷川のままが良かった。でも、結婚そのものにも「部落」という理由で反対されるかもしれないというハードルがあることを感じていた私は、多くの女性が当たり前のように夫側の姓を名乗っているこの日本社会の中で、妻側の姓を名乗るというハードルまで加えることに躊躇してしまった。どちらかひとつなら越えられるかもしれないけれど、ふたつになったら夫となる人の家族からの反対があるかもしれないと考えてしまったのだ。

本来、結婚することに親の承諾を得る必要はないし、何かあったとしても勝手に結婚してしまえば良かったのだと、今は思う。だけど、当時の私は親に挨拶し、承諾・祝福されて結婚するという手順を踏むのが当たり前だと思っていた。結婚というものは、彼も私の家族と家族になり、私も彼の家族と家族になる。だったら彼の家族とも仲良くできるものなら仲良くしたい。そういう考えがどこからきているのか、なぜ自分はそう感じているのか深く調べたり考えたりすることなく、「そういうものだ」と思っていた自分の甘さ、未熟さゆえの過った認識だったと今は感じている。ただ、男性側は甘く未熟でも、自分の姓を失わないことがほとんどであるという不均衡を考えると、私個人の責任だけではないという気持ちもある。

結婚から二年後、二十八歳の時に、第一子となる芹《せり》を出産し、私は専業主婦と呼ばれる立場になった。フリーターだったから、産休や復職という概念がなかったということもあるが、もともと私は、子どもを生んだらしばらくは家で育児に専念したいと考えていた。

幼少期から私は、母との関係の中で寂しさを感じることが多かった。その原因を仕事に運動にと忙しく駆け回っていた母と過ごす時間が少なかったことにあるのではないかと、この頃の私は推測していた。今となれば「働いている・家にいる」という形は大して重要ではないと思えるが、初めて子どもを育てようとしていた二十八歳の私は、自分が抱えてきた寂しさを子どもに味わわせないために、専業主婦になって子どもとの時間をたっぷり取りたいと思っていた。私が収入を得られなくなってしまうことでの経済的な不安はあったが、ちょうど空き家になっていた元実家に住まわせてもらえることになった。

蒸し暑い夏の日、分娩に一日半かかってやっと生まれてきた芹は、時間がかかったぶん、頭が細長く伸びていて、ぼっこぼこに殴られたボクサーのような顔をしていた。それでも、初めて顔を合わせた瞬間真っ先に出てきた言葉は「かわいい」だった。これが本当に人間なのかと信じられないくらいに小さくて、愛《いと》しくて、でも、世話をしなかったらあっという間に死んでしまうであろうこの生き物。私はこの子をこの先ちゃんと生かしていけるのだろうかという、凄まじい不安にも襲われた。

夜は授乳で二時間しか続けて眠ることができず、母乳はトラブル続き、芹の体重は思うように増えず、逆に私の体重はどんどん減っていった。当時そんな言葉は知らなかったが、今でいう「ワンオペ」だった初めての育児は、想像を絶する大変さだった。産後間もなく子どもを殺してしまう親がいることも、苦しみの矛先を自分に向けて死んでしまう親がいることも、こんなに大変だったら仕方がない。自分もいつそうしてしまうかわからないとすら思った。

街なかで子どもを連れた人を見ると、この人も産後、壮絶な時間を過ごしてきたのだろうか。なのに今こうして子どもと笑っているなんて、みんなすごすぎじゃないか。子育てというこんなに壮絶なことを担っている人に対して、社会はそれを当たり前のことだと思い過ぎなんじゃないか。そう怒りが湧《わ》いてくるほどだった。

力を抜いて大らかに子育てをしたい。そう思っても、「赤ちゃんは少しくらい泣かせておいても大丈夫」と言われても、芹に「お母さんは私の要望を無視して気持ちを汲み取ろうとしてくれない」と思われてしまわないだろうかと怖かった。私が取る行動の一つひとつが芹の人間形成にどう影響するのかわからない。だからいつもベストを尽くさねばならない。そうしていないと私自身が不安で仕方がない。いつの間にかそんなふうに追い詰められていた。「適当にやっちゃってるよ」「赤ちゃんが泣くのは肺の運動になるから、泣いてるときは泣かせといていいらしいよ」とあっけらかんとしているママ友たちが羨ましくて仕方がなかった。

芹を育て始めた頃の日々は、壮絶な経験として、つらい記憶として私の中にべったりと貼り付くように残っている。しかし、その重さと同じくらい、芹がかわいくて愛しくて、その成長をこの目でこの手で感じながら過ごした時間は強烈な幸せに満ちたものでもあった。生後三カ月の時には、私が抱きながら話しかけると、芹も甘えたような声で「あーあー」と応えてくれるようになった。誰かに抱かれていても泣き止まずに私の方をチラチラと見る時は、私に抱けというサインだ。はいはい、と抱くと本当に泣き止むのだからたまらない。近所に住むじいじばあばに芹を預けて私が買い物に行って帰ると、私の顔を見るなり「ワーン！」と、まるで「置いていったな！　一緒に行きたかったのに！」とでも言っているように泣く。ところが預けている間はとてもおとなしくしているのだそうだ。こんなに小さくても、芹の中では人間関係ができているのか！　空気を読むタイプの人なのかも！　と毎日発見ばかりで飽きない。特に面白かったのは、芹が「説得」に応じてくれることだった。いきなり私が目の前から消えると泣き叫ぶが、「ママ、いまからちょっとトイレに行ってくるね」などと事前に説明をしてからいなくなると、泣かずにちゃんと待っていてくれるのだ。お座りすらも、自分で立ち上がって動くことも、話すこともできないけれど、芹は人格を持った立派なひとりの人間で、説得にも応じてくれるとは。なんて賢い人なんだ。まだ三カ月なのにこんなに聡明なのだから、おそらく私はあっという間にひとりの人間として追い抜かされるだろう。

　親バカだと言われればそれまでかもしれないが、私は本気でそう感じていたし、ひとりの人間を育てるというミッションは、なんて奥深く面白く難しいものなのだろうと嚙みしめながら過ごす日々だった。

「養ってもらってる」から仕方ない？

初めてママ友という存在ができたのは、妊娠中に受講した区の保健センターが主催の母親学級でのことだった。母親学級で学ぶであろうことは育児書を読めば書いてあることばかりだ。でも私にはここが私の子育てを左右するキモになるという確信のようなものがあった。「子育てについて学ぶ場というより、ママ友をつくるための場なのだ！」と。

子育てというハードな日々に必要なのは、互いの環境を理解して支え合える仲間だ。部落問題を通して、そんな仲間の存在の重要性を身に染みて感じていた私は、ママ友がいるかいないかがこの先の生命線になるだろうと予測していたのだ。そしてその予測通り、芹のかわいさに幸せを噛みしめながらも、文字通り生きるか死ぬかの過酷な子育てをなんとか乗り切れたのは、日々を共に過ごした戦友、ママ友たちがいてくれたからだった。

母親学級は最寄りの保健センターで平日の午後、週に一回、全四回のカリキュラムが組まれていた。保健センターの無機質な多目的スペースで受付を済ますと、住んでいる地域別に班が分けられて、指定された場所へ座るよう案内された。家が近い参加者同士を同じ班にするということは、保健センターもママ友づくりがスムーズにいくように配慮してくれているのだろう。

受精卵が胎内でどう成長して生まれてくるのかを解説したビデオを見た後に感想を言い合うという、カリキュラムの一週目。最初からいきなり連絡先を聞いたら引かれてしまうかもしれないと思った私は慎重に機会を窺《うかが》い、少しずつ同じ班の人たちと打ち解けるように努力した。そして迎えた最終日。四週目の学級が終わった後に、満を持して近くのファミレスに班の人たちを誘うと、四人が快諾してくれて、私たちはファミレスで四時間ほどノンストップで話し続けた。平日の昼間、ドリンクバーを何度もおかわりしながら、時にデザートを食べながらしゃべり続ける妊婦五人。端から見たら、暇そうな、「お気楽な主婦」に見えたかもしれない。でも私たちにはこの時間が必要だった。初めての出産を控えて不安がいっぱいで、何がわからないのかすらわからないのに、これから共に子どもを迎えるはずのパートナーがその不安を分かち合う相手にはならなかった私たちにとっては。

その後も私たちはメールやSNSを通じて連絡を取り合った。ひとり、またひとりと出産を終えてからは、それぞれがまだ小さい人たちを抱き、あやし、おむつを替えたり授乳したりしながら、それぞれの自宅や座敷のあるファミレスで、心配事や悩みを相談しあった。

「この間、テレビ見ながらゆっくり暖かいご飯食べてる夫を見て、号泣しちゃったんだよね」

ある時私がそう口にすると、次々にママ友が続いた。

「私もこの間同じ状況で殺意が湧いた」

「私は子ども生んでから生活が激変したのに、パパは大して変わらないの。腹立つよね」

まだ子どもが小さくてひとりで動くことができないくらいの頃は、子どもの機嫌が悪くて抱いてあやしながら食事を食べることが頻繁にあった。しかし機嫌が良ければ良いで、その間に急いで自分の食事を摂っておかなければと焦る。どちらにせよ自分の食事はスピード勝負になりがちで、産前には当たり前のように自分のペースでしていた食事すら、産後はままならなかった。食事だけではなく、食事作りも入浴も洗濯も掃除も買い物も、すべてのことが想定通りには運ばない毎日だった。その大変さにママ友たちが共感してくれて、しかも同じ戦いの日々を送っているのだと感じられることだけで私は救われた。でも、それぞれの家でみんな同じような状況になっているって、おかしいよなという疑問も湧いた。

ママ友たちと話していて、「あれれ？」と思うことは他にもあった。家計のやりくりについて、自分が好きに使えるお金、つまりお小遣いがいくらあるかという話題になった時、夫と妻では金額に差がある、もしくは夫の方が圧倒的に多いというケースが大半だった。夫に悪いからもらっていない、必要なものはその都度夫に相談して買っているという人までいた。

「旦那は外で働いてくれてるんだし、私はそのお金で養ってもらってるんだから当たり前だよ」

そんな発言を聞いた時には、私は驚きすぎてリアルに三十センチくらい後ずさりしてしまった。お金を稼ぐ、つまり有償労働をしている人と、子育てと家事という無償労働をしている人は対等ではないということか。マジか。私たちは、命がけで子どもを生んで、ボロボロの身体のまま生きるか死ぬか、ギリギリの状況に追い込まれながら子育てしている。なのに「お金」というものを生み出していないというただそれだけで、金を稼いでいる人よりも価値が低く、「養ってもらっている」と表現されるような立場にあるということか。

「そんなの違う。私たちは子育てっていうすごい仕事をしてるじゃん。私、こんなに大変でクリエイティブな仕事してるのは本当にすごいって思ってるよ。夫が仕事をしている間、妻は夫が仕事でできない子育てをひとりで担ってるんだし。養ってもらってるとか、だから自分の方が立場が下なんて思わなくて良くない？」

思わず私は異論を唱えた。

「うん、わかるよ。そう言ってくれる人は多実ちゃんだけじゃないし、理屈もわかる。でも、なんかわからないけど、自分の力でお金を稼いでないってことで自分に自信が持てなくなっちゃう感覚があるの。お金を使う時に、これは私じゃなくて旦那が稼いでくれたお金なんだっていう感覚をどうしても持っちゃうんだよね」

困ったようにママ友のひとりはつぶやき、周りにいた何人かもうんうんと頷いた。

子どもたちの成長とともに、仕事を始めたり復帰したりするママ友たちも出てきた。そして仕事の話題になると必ず誰かが言うセリフがあった。

「子育てしていると社会と繋《つな》がっているという感覚がなくて取り残されたような気分になる」

これにも私は驚いた。私も実際、子どもを生む前は自分がそういう心境になってしまうのではないかと怖れていた。しかし、芹が生まれてきて同じ時間を過ごしていると、ひとりでは動くことも食べることもできないような人間のお世話をして、命を守りながら育てていくなんて、ものすごく社会と繋がっている営みだ、なんなら社会のど真ん中にいる行為だという心境になっていたからだ。

ママ友たちとのやりとりを通して、この社会には、お金を稼ぐことが社会に参加することだという価値観が強く根付いているのだと私は痛感した。学校を卒業して働き始めることを「社会に出る」とか、働いている人を「社会人」とかいうのもそれまで当たり前のように使ってきた言葉だが、「有償労働こそが社会」という価値観がベースにあることから生まれた表現なのだろう。そんな価値観の中で専業主婦という立場でいることは、自分は社会の一員ではないと自己肯定感を削られることなのかもしれない。ママ友たちは「理屈はわかる」と言いながら、どうしても自分に引け目を感じてしまうようだった。子育てという大仕事をしている私の大切なママ友たちを、この社会はなんてつらい目に遭わせるんだと、私は憤った。

でも一方で、どうしてママ友たちは実際の子育ての中で価値観がひっくり返らなかったんだろうとも思った。それはやっぱり、私がマイノリティとして生きてきたことが関係しているのかもしれない。社会には権力者側に都合のいいことを常識だとして思い込ませてくる罠みたいなものがたくさん仕掛けられている。私はいつの間にかその中のひとつである部落差別に抗うことを通じて、その罠を見つけやすいという能力を手に入れることができたのかもしれない。

〈部落〉を伝えるサイトを作る

「部落」を子どもにどう伝えるか。そのやり方に対して、子どもの立場からさんざん両親を責めてきた私は、子どもを生んだことで今度は自分が親として伝える側になった。私は、私が育った家のやり方しか知らない。そのやり方が嫌だったということだけはわかるけれど、じゃあどうしたらいいのかということはまったくわからない。相談できるような人もいない。

芹はまだ赤ちゃんだ。指しゃぶりどころか、げんこつごと口に突っ込んで手がよだれまみれになったり、仰向けに寝転がりながら自分の足で遊んでいるうちに靴下を手にし、やっぱりそれを口に突っ込んでよだれまみれにしたりしている。そんな様子を見て、まだこんなに小さいんだから、焦って考えなくても大丈夫だと自分で自分を安心させようとする。だけどすぐに、きちんと考えて準備しておかないと何かあった時にうまく対応できずに後悔するのではないかという恐怖心が芽生えてくる。他の人はどうしているのだろう。参考になる話を聞きたいと思っても、子育てをしている部落出身者の知り合いはいない。

そんなある日のこと。父が一枚のファックスを手に家にやってきた。

「こんなのが来てるから、返事しといてね」

解放出版社から発行されている「部落解放」という月刊誌からのインタビュー依頼だった。「部落問題と向き合う若者たち」というテーマで、私と、他に二組の部落出身の若者のインタビューを企画しているという。解放出版社は言わずもがな、部落解放同盟の関連企業だ。そこから来たこのテーマの依頼でどういう内容を求められているのかが想像できてしまい、私は断る気満々で、担当者に挑発的なメールを返した。

「インタビューを受けるのは構いませんが、私は運動から離れた立場だし、解放同盟に都合のいいようなことは言えません。それでも良ければお受けします」

どんなふうに「それなら結構です」と返信してくるのだろうと意地の悪い気持ちでいたが、いざ届いたメールは予想外の内容だった。

「率直に思っていることを語ってくださって結構ですし、むしろその方がありがたいです」

そこまで言うのなら断る理由もない。私はインタビューを受けることにした。当日、インタビュアーである部落問題の研究者、内田龍史《りゅうし》さんと、解放出版社の編集者、松原圭さんを前に、私は何を聞かれるのか、どんな意図で私を選んだのか、警戒していた。すると内田さんが「明日を拓く」というタイトルの雑誌を差し出した。東日本部落解放研究所というところから出ている機関誌だ。

「実はこのインタビューを読んで、ずっとお会いしたいと思ってたんです」

それは数年前私が、部落の映画をつくろうと思った理由をインタビューされたときの記事だった。その記事のインタビュアーが子どもの頃から知っている研究者だったこともあり、私は部落解放運動への違和感を率直に語っていた。この記事を読んで私に声をかけるなんて、このふたりはちょっと変わってる人たちなのかもしれない。私は肩の力を少し緩めた。

子どもの頃に感じていた周りの友だちとのズレや、部落解放運動への違和感、映画を撮った動機やその反応、子どもにどう伝えていくかということへの葛藤を思うままに話した。内田さんも松原さんも興味深そうに聞いてくれたし、私の話を受けて出てくる質問に的外れなものがなく、話がどんどん深い方向へ進んでいくことが心地良くもあった。

それにしても、こんなに好き勝手話して、解放出版社から出す雑誌に掲載できるんだろうかとひとり心配していると、内田さんが思い出したように切り出した。

「あっ、そうそう。僕の大学の後輩で川崎那恵《ともえ》っていう人がいるんですけど、前に上川さんに手紙を出したそうなんです。返事まだもらっていないけどどうなってるのか聞いておいてって言われました」

「えー！　はい、確かにもらいました。返事書こうと思いつつずっと書けないままでいます」

驚きと申し訳なさで私はうなだれて机に突っ伏した。それは、もう何年も前に受け取った、嬉しい内容である反面、あまりに距離感が近くてテンションも高く、返事を書くのに躊躇している間に時間が経《た》っていた手紙だった。

「明日を拓く」のインタビューを読みました。私も部落出身で、感覚が近い気がするので友達になりませんか？　しかも私は『阿賀に生きる』の舞台になった新潟の阿賀に通っています。映画に出てくる出演者の人とも交流しています。もしよければ一緒に阿賀に行きませんか？


このインタビューから一年後、内田さん仲介のもと、私は川崎さんと初対面を果たした。手紙から感じた高いテンションそのままの、エネルギーに溢《あふ》れた人だった。近況について語り合うなかで、三人ともインターネット上での部落差別について憂慮していることがわかった。

「部落って検索したときに、すごく差別的なものが検索上位にあがってくるんだよね。もしくは、すごく難しい運動的な部落のサイトか。もっとわかりやすくて、差別的じゃないサイトがあったらいいと思うけど」

私が嘆くと、川崎さんはいとも簡単に言ってのけた。

「作ろうよ。そういうサイト。私たちで作ろう。検索したら上位に来て、部落問題をよく知らない人が見てもわかるようなやつ。無料でホームページ作れるサービスもあるし、やろうよ」

それは、部落解放運動もドキュメンタリー映画も自分にはフィットしないと感じて離れた私が、ついに「これだ！」と思える活動に出会った、いや、生み出すことになった瞬間だった。

ママ友とする部落の話

雑誌「部落解放」のインタビューを受けてから、内田さん、川崎さんと三人での対面を果たすまでの一年間、私が何をしていたかというと、毎日ただひたすら子育てに没頭していた。

その頃の一日のスケジュールはこんな感じだ。朝起きて芹と朝食を摂り、洗濯と昼食の準備をしてから公園に遊びに行く。帰宅してすぐに昼食、そしてお昼寝。芹が寝ている間に夕食の支度をして、芹が起きたらおやつ、そしてまた公園へ。目一杯遊んで帰宅し、夕食、お風呂、そして寝かしつけ。芹が寝るとやっと自分だけの時間を取ることができるのだけど、芹は一度寝てからもちょこちょこ目を覚まし、その都度寝室で抱っこしながらまた寝かしつけなければならなかった。気が済むまでダラダラする、のんびり過ごす、テレビドラマをリアルタイムで最初から最後まで観る、なんてことは夢のまた夢だった。一度起きてしまった芹がなかなか寝付かずに、結局私が自分の時間を持つことを諦めて一緒に寝ることもしょっちゅうあった。

芹は公園がとても好きなようだった。初めて近所の公園に芹を連れて行ったのは生後半年くらいの安定してお座りができるようになった頃で、子どもが落ちないようにガードがついている乳児用のブランコに乗ったり、ただ地面に座ったりしているだけでもキラキラした表情になった。三十分以上ブランコに乗り続けて、さすがに飽きただろうと降ろそうと抱っこすると、ギャーッと泣いて足をバタバタさせて怒るから、またブランコに乗せ、何十分も押し続けた。ハイハイができるようになった頃には、アスレチックのような遊具にもどんどん上っていき、遊びこなしていた。夕方に公園に行くと小学生がたくさん遊んでいるのだが、その輪の中にも臆せずに入っていってしまう。一時期、地べたに座り込んで対戦型のカードゲームを繰り広げている子どもたちがいた時には、ハイハイしながら近づいて、勝手にカードを取ったりひっくり返したり、カードの上に座り込んだりとやりたい放題だった。最初は子どもたちに迷惑だと思い芹を無理矢理引きはがそうとしたのだが、子どもたちは子どもたちで、芹が勝手に触ったカードは自分のものにしていいという独自ルールをすぐさま制定してしまった。

「このカードを、このカードを触って！　赤ちゃん、これ、これ！」

いつしか芹の乱入は「神の手」と呼ばれ、歓迎されるまでになった。

「これ、ザコカードで俺もういらねーし。赤ちゃん、カード好きみたいだから、あげるよ」

思春期の入り口に差し掛かっている雰囲気を漂わせながら、カードの束を芹にプレゼントしてくれる子までいた。芹にはきょうだいもいとこもおらず、保育園にも通っていないから、年上の子どもと接する機会がないだろうと思っていたのだけれど、夕方、公園に行けばいつも誰かが芹に声をかけて一緒に遊んでくれた。そのおかげだろうか、芹は歩けるようになると、公園はもちろん、どこへ行ってもいつもニコニコと出会う人たちに笑いかけたり話しかけたりするようになっていた。そんな芹を見ていると、ああ、きっと今この子は、世界を信用しているのだろうなと感じて私は胸がいっぱいになった。毎日楽しそうで、幸せそうで、実際いろんな人たちに愛情をもらってすくすくと育っている。ずっとこのまま、芹にはこの世界がいいところだと思っていてほしい。そのために私がすべきことは、こんなふうに芹に愛情を注いでくれたり見守ってくれたりする人を増やしていくこと、そうやって芹が自分は大切な存在なんだと思えるような環境をつくっていくことなのではないかと考えるようになった。私は、この社会には差別があって、あなたはそれと闘っていくのだ、負けてはいけないのだと育てられた。しかし差別があるから強くならなくては、ではなく、芹が無理して強くならなくても、のびのびと過ごせるための環境をつくることが、親として私がやるべきことなのではないか。おぼろげながらも進むべき方向が見えてきたような感覚があった。

この頃、芹には親友とも呼べるような存在がいた。母親学級で仲良くなったママ友、クミちゃんの子ども、ゲンだ。ゲンは、マイペースで繊細で何事にも慎重な優しい子で、物怖《ものお》じせずにアグレッシブに遊ぶ芹と、お互いに無いところを補い合うような関係だった。夏の暑い日、芹は公園に着くとあっという間に靴を脱ぎ、水道へ向かう。そして蛇口を思いっきり開いて噴水のように水を飛び散らし、何の躊躇もなく水浴びを始めてしまう。最初はそれを、信じられないといった表情で引き気味に眺めていたゲンも、しばらくすると芹の楽しそうな様子につられて少しずつ水遊びを始め、最終的にはふたりともずぶ濡れ、といった具合になる。公園に行くと、その遊びっぷりに時には同世代の子どもたちや親たちに迷惑そうな顔をされることがあった芹のことを、クミちゃんは「かわいい、かわいい」といつも好意的に見守ってくれた。芹にとってゲンがそうであるように、私にとってはクミちゃんが大切な友だちだった。

そんなクミちゃんから、改まったメールが来たのは、子どもたちが二歳くらいの頃だった。

「ちょっと話したいことがあるんだけど、もし良かったら時間をとってもらえませんか？」

芹のことでゲンが何か嫌な思いをしてしまったのだろうかと心配になりながらメールをスクロールするうちに、私はいつの間にか嗚咽《おえつ》していた。

「多実ちゃんがときどき、ｍｉｘｉに書いてる部落のこと、私はあまりちゃんと知らないままきてしまってて、勉強したいなって思ってるんだけど、何からどう始めたらいいのかわからなくて。もし良かったら直接、部落のこと教えてもらえませんか。失礼だったらごめんなさい」

芹の周りにいる人たちに部落のことを知ってもらいたいと思い、私は当時ＳＮＳの先駆けとして流行《はや》っていたｍｉｘｉにときどき部落のことを書いていた。私が書くことで、読んでくれた人の中に、そういう問題がこの社会の中に存在するんだということを少し爪痕として残せればいいなというくらいの、あくまでも一方通行の発信だと思ってのことだった。それをこんなふうに真っ正面からガシッと受け止めてくれて、リアクションがもらえるなんて。しかも日ごろから仲良くしているクミちゃんからだ。クミちゃんのこのメッセージだけで、私の目の前に広がっている世界の色が急に明るいものになったかのようだった。「もちろん喜んで話をさせてもらいます」とメールの返信をして、後日、クミちゃんの家で遊び、子どもたちを昼寝させている間にゆっくり話をしようということになった。

迎えた当日、芹もゲンも大興奮で遊び回り、「今日は特別だよ！」と昼食時にクミちゃんが用意してくれたジュースを芹はこれでもかというくらいたくさん飲んで、あっという間におなかがパンパンになった。やっとのことで子どもたちを昼寝させると、クミちゃんは子どもたちには見つからないように隠しておいた大人用のお菓子を出してきた。そしてようやくふたりで落ち着いて話せる時間が訪れた。いつも子どもたちを追いかけ、目線を子どもたちに向けながら話をしていたクミちゃんと改まって向き合うと、私は妙に緊張してしまい、戸惑った。部落について、今まで何度も友人に話をしてきたけれど、よくよく考えると私はいつも自分からタイミングを計って切り出すことしかしてこなかった。だから話を聞かせてほしいと言ってくれた人に、どんなふうに何から話していいのかわからなかったのだ。

「今日はわざわざ来てくれてありがとね」

クミちゃんからそう口火を切ってくれたけれど、部落の話をすることを「ありがとう」だなんて言われたら、もうそれだけで私は泣いてしまいそうだった。それから私は、中学時代に部落問題が急にリアリティをもって迫ってきて怖くなったこと、でも周りの人たちは部落問題が何かということすら知らず、それがつらかったこと、だからこそクミちゃんが知りたいと言ってくれたことがとても嬉しかったことを伝えた。するとクミちゃんは、実はおじいさんが外国の出身で、そのことを話した友達に関係を切られたことがあると打ち明けてくれた。

「差別を受けるような要素がない人は、そんなことあるの？って軽く言うし、私だって信じられなかったけど、そういうことって現実にあるよね」

フフッと呆れたようにクミちゃんは笑い、私は深く頷いた。それからクミちゃんはおじいさんやその家族の話をしてくれた。日々感じていた彼女の強さや優しさがどこからきているのか、少しわかったような気がした。それは単に、差別を受ける属性に生まれたからではない。差別に対しておかしいと思い、見て見ぬふりをせずに生きてきた人だからだ。お互いの、心の中の柔らかいところをそっと取り出して見せ合うような静かな時間は、子どもたちの起床とともに終わった。目覚めた芹のおむつはやっぱりパンパンで、おむつ換えを拒否して逃げ回っている間におむつがその重さに耐えきれず芹の膝までずり下がってきてしまい、クミちゃんと私はお腹《なか》を抱えて笑った。

北芝のコミュニティとの出会い

自分たちの手で自分たちがいいと思える部落問題のサイトを作ろうと、川﨑さん、内田さんと話し合ってから二カ月後、私は大阪の北芝という被差別部落に向かった。

「すごく面白いところだからぜひ一緒に行こう。サイト作りのヒントにもなるかもしれないし」

と、川﨑さん、その頃にはもう下の名前で呼んでいた那恵《ともえ》ちゃんが、北芝で映画『ふつうの家』の上映会を企画してくれたのだ。北芝は部落解放同盟北芝支部が設立した「暮らしづくりネットワーク北芝」というＮＰＯを通じて、今回の上映会の会場でもあるコミュニティカフェやデイサービス、駄菓子屋の運営、朝市など様々な事業を展開していて、被差別部落であることをオープンにしている珍しい地域だ。那恵ちゃんは北芝出身ではないが、ときどき出入りしているのだという。

だいぶおしゃべりが上手になり、二歳目前になった芹とともに北芝に降り立った私は、凄まじく緊張していた。上映会をするからではない。その日私たちは、まだ一度も会ったことのない人の家に泊まることになっていたからだ。

暮らしづくりネットワーク北芝が指定管理者になっている、らいとぴあ21という人権文化センターへ到着すると、家主の池谷《いけがや》さんはそこにいた。

「僕ちょっとね、急な呼び出しがかかって出ないといけないので、他のスタッフに案内してもらいますね」

池谷さんはそう言うと、会うなりすぐに出て行ってしまった。家族は旅行で留守にしているし、本人も忙しくてほとんど家にはいないとは聞いていたが、本当にあちこち飛び回っているようだ。

「私が家まで案内しますね。鍵預かってるんで」

やってきた別のスタッフが、らいとぴあのすぐそばにある団地の一室へ連れていってくれた。のちに「こちえちゃん」と呼ぶことになり、ウェブサイト作りにも参加してくれることになるそのスタッフ、尼野千絵《あまのちえ》ちゃんは、池谷家に入ると慣れた様子で説明を始めた。

「ここがお風呂、ここがトイレ、こっちが上川さんたちに泊まってもらう部屋です。ここにあるもんだったらなんでも遠慮しないで使ってもらっていいので、くつろいじゃってくださいね」

まるで自分が住んでいる家かのようだった。

「この近くに芝樂《しばらく》っていう広場があって、そこにご飯食べられるところがあるんで、夜ご飯はそこで食べましょう。後で私が迎えに来るので、それまではここでゆっくり休んでてください」

そう言い残して、こちえちゃんはらいとぴあに帰って行った。さっきチラッと挨拶しただけの初対面の人の家に私たちだけがいる。そんな経験は初めてで、トイレを借りるだけでも本当に勝手に使っていいのかなとドギマギしたが、どうやらここの人たちにとっては特別なことではないらしい。私が暮らしている社会の常識とは少し違う不思議の世界に来てしまったような感覚になりながらも、この感じに私は既視感があった。

「あんたらまだ寝てんの？」

子どもの頃、長期休みになると送り込まれていた和歌山の祖父母が住む部落の、近所のおばちゃんに突然起こされるあの、人と人との距離の近さ、垣根の低さだ。

夜になり、その芝樂という広場に案内してもらった。住宅街の中に芝生の大きな広場があり、その広場を囲むようにコンテナが二台置かれている。そのひとつは駄菓子屋として使われていて、昼間は学校帰りの子どもたちで賑わうのだそうだ。そして、週末の夜には地元の人たちが交代で営む飲食店に変身する。上映会をするコミュニティカフェもコンテナ横に建っており、北芝の人たちが集える場所として運営されているのだという。食事をしながらそんな話を聞いていると、同じ部落というバックグラウンドでも、こんなにも違う環境で生きている人たちがいるんだということにクラクラした。物事には良い面も悪い面もあるのだから、比べることは良くないし意味のないことだと自分に言い聞かせる。でもちょっと油断すると「いいなあ」「羨ましいなあ」という言葉が口から出そうになってしまう。その気持ちは翌日に案内してもらった北芝内のフィールドワークでより強くなった。

芝樂近くの、歩道が広く、レンガのようなブロックが敷き詰められている道を歩いていた時のことだった。

「この道はここが整備されるって話が出た時に、どんな道路にしたいかを話し合うワークショップをやって、そこで出た意見をもとに作られたんです」

こちえちゃんがそう説明してくれた。北芝に住む人だけでなく、周辺の住民や行政の職員たちにも声を掛け、どんな道路だったらいいかアイディアを出し合ったり、古くから住んでいる人に、昔はどういう使われ方をしていたのかを聞いたりしながら、具体的なプランを練っていったのだそうだ。そんな話を聞きながら芝樂に到着すると、「この石窯も」「暮らしづくりのこの事務所も」「芝樂をどう活用するかも」ワークショップの手法が取られたのだと説明を受けた。北芝は、「偉い人」が決めたことに従うトップダウンのやり方ではなく、実際にここに生活している人たちの声を拾い上げてつくっていくボトムアップで街づくりをしてきた地域なのだ。

その姿勢は道路や建物といったハード面だけではなく、地域の人たちが利用できる地域通貨の運用や見守りサービスといったソフト面にも反映されており、さらにそれらのサービスを受けたり提供したりするなかで地域の人たちが出会い、繋がっていく仕組みとしても機能していた。そんな街づくりに魅力を感じて各地から若者が集まり、今や暮らしづくりネットワーク北芝職員の半数ほどは北芝以外の地域からやってきた人たちが占めているのだという。地域コミュニティを豊かにする活動をしつつ、それを北芝の中だけで完結させるのではなく、外からも人をどんどん受け入れ、発展していっているというわけだ。フィールドワークの間、私はずっと「へぇ！」とか「はぁ！」とかそんな感嘆詞ばかり発していた。ここで行われていることが、自分の環境とはあまりに違いすぎて圧倒された。

午後に開催した『ふつうの家』の上映の後には、那恵ちゃんと私のトークセッションも行った。このコミュニティカフェの店長であるこちえちゃんが焼いたケーキを食べながら、東京で私が日々感じている部落問題や課題、これから芹を育てていく上での不安などについて話した。

「せっかくだから、お客さんたちに感想とかもどんどん言ってもらえたら」

ひとしきりふたりで話した後、那恵ちゃんが観客に発言を求めると、私の父と同世代くらいの男性がスッと手を上げて立ち上がった。父とは違い、おしゃれでシュッとした印象ながらも、ただものではなさそうだなと思わせる不思議な貫禄《かんろく》のある人だった。部落の、しかも父親世代の人からどんな感想が出てくるのかと私は身を固くした。

「今日、上川さんとお会いして話を聞くのを、すごく楽しみにしてました」

批判されるのではと身構えていた私は、この言葉をどう受け取っていいのか戸惑った。

「僕は北芝で生まれ育って今も北芝に住んでるんですけど、部落の出身者たちを取り巻く環境は多様化していて、上川さんみたいに親が部落から出て部落の外で生まれ育つ人もこれからどんどん出てくる。でもそういう人たちがどんなふうにつらい思いをしたり、どんな課題を抱えたりしているのかっていうのは、僕みたいに部落にどっぷり浸《つ》かって育って生きている人間にはわからないんです。だから、その多様化の最先端で闘いながら生きてきた上川さんに会って、話を聞いてみたいって思ってたんです」

部落に住んでいない部落民という私の立場は、社会の中でもマイノリティだが、さらに部落解放運動の中でも時には異端扱いされるマイノリティだった。東京に住んでいるということも、運動という観点から観れば「運動が活発ではない、遅れている地域」だった。そういうまなざしをずっと受け続け、劣等感のようなものを持っていた私からすれば、ここ北芝はとても「進んでいる地域」だ。私のような「遅れている地域」の人の話がどんなふうに受け取られるのかは、まったくの未知数だし、過去の経験からすれば不安が強かった。それが「最先端」と評価されるなんて。ずっと劣勢だと思っていたのに、駒《こま》をひとつひっくり返したらあれよあれよという間にあっちもこっちもひっくり返って形勢逆転したオセロをしているみたいな気持ちになった。そうか、最先端にいるから隣を見ても誰もいなかったのか。最先端にいるから自分の欲しいものがあらかじめ用意されていなかったのか。そんなこと思ってもみなかったけれど、そう言ってもらえたことで今までの苦労が報われた気がした。そしてこれから自分なりに生きていくことの覚悟みたいなものが生まれた。だって、何せ最先端なのだから。自分が歩んでいく道は自分で切り拓《ひら》いていくしかないのだ。

後に、このただものじゃなさそうな発言主は、ここ北芝が現在のようなコミュニティになった取り組みの中心人物のひとりである井上勉《つとむ》さん、通称「つーとん」さんだということが判明した。初めて会った、自分の子どもほどの年齢の私に、「会って話を聞いてみたかった」と言えるその柔軟さは、そのまま北芝という地域の柔軟さや懐の深さを象徴しているようだった。

上映会が終わると前日も夕食を摂ったコンテナで打ち上げが行われた。

「芹ちゃんは私たちが見とくんで、多実さんは思う存分みんなと交流しちゃってくださいね。芹ちゃん、あっちで一緒に遊ぼう」

こちえちゃんは慣れた様子で芹を連れて芝生の広場に遊びに行ってくれた。時間が経つにつれて、どんどん北芝の人が集まってきて、コンテナの外、芝樂広場に置いてあるテーブルでもわいわい食事を始め、総勢二十人くらいの大宴会になっていった。芹はどうしているだろうと広場に目をやると、地元のおじさんの膝の上に、同じくらいの年の子と座って、親から餌《えさ》をもらうひな鳥のように交互にうどんを食べさせてもらっていた。

「ここでは、子どもを連れてきても『自分が責任もって見てなきゃ』って気負わなくてもいいんだよね。いつも誰かがちゃんと子どもを見ててくれて、親はいい息抜きになるし、子どもを見てる方も楽しいし逆に元気をもらったりして、お互いにいい思いができる」

うどんをついばむ芹を見ながら笑った私の背中に誰かがつぶやいた。どうやらここでは、これは当たり前の光景のようだ。

そんな贅沢な時間の中、サイト作り計画にも進展があった。ｍｉｘｉの「子育て中のマイノリティ」というコミュニティ（そこに参加すると閲覧できるｍｉｘｉ内のグループ）の中で声をかけられて知り合った武田緑《みどり》ちゃんが、暮らしづくりネットワーク北芝で働いていることが判明し、初めて顔を合わせたのだ。緑ちゃんは大学在学中に立ち上げたＣＯＲＥ（当時）という教育系のＮＰＯで代表として活動しながら、北芝の教育部門でも働いているのだという。部落出身者であることをオープンにしながら、既存の運動への違和感も隠すことなく発言しており、相通ずるところがあるのではないかと感じていた。実際に面と向かって話してみると、気さくで話しやすく、前から知っていたかのような親しみやすさがあった。緑ちゃんは那恵ちゃんとも内田さんとも知り合いらしく、部落問題のサイトを立ち上げたいから一緒にやらないかと誘うと、快く賛同してくれた。打ち上げに参加していた那恵ちゃん、上映会から参加してくれていた内田さんとともに「部落問題をよく知らない人が、部落ってなんだろうって思って検索したときに見てためになるようなサイトを作る」というコンセプトをベースに、私たちは話し合った。

「部落とか部落の人って言ったときにあんな人もいるな、こんな人もいるな、と想像してもらえるような内容にしたい」

「部落の人と言ってもいろんな人がいるんだから、よく運動で使われる『我々は』じゃなくて『私は』という自分を主語にした語りをしたい」

徐々に方向性も固まっていった。

面白そうな人たちと面白そうなことができそうだ。私はわくわくしながら帰京し、専門知識がなくてもサイト作りができるサービスを使ってサンプルづくりに取り掛かった。また同時に、もう少し仲間を増やすために、今度は東京でも声を掛けてみることにした。運動から離れるきっかけになった高校生集会を一緒に準備していた高校生友の会の後輩のメンバーたちだ。後輩たちとはあれ以降、ほとんど連絡を取っていなかった。それは、思い出すのもつらい記憶になっていたという面もあるが、年上である私がもう少しうまくやれれば彼女たちを巻き込まずに済んだのではないか、私の立ち回りの悪さによって彼女たちのことも傷つけてしまったのではないかという後ろめたさのようなものが残っていたという理由も大きかった。今更なんだと言われる可能性もあるだろうと思いながら、私は恐るおそる、後輩メンバーのひとりだった高《たか》岩《いわ》智《ち》江《え》に連絡した。

「やるやる！　私も運動からは離れちゃったけど、部落問題については考え続けてきたし、何かやらないとって思ってた！」

突然の誘いだったにもかかわらず、あれから十年が経ったとは思えない、高校生だったころのノリそのままの返事が届いた。ここに、智江同様、後輩メンバーでもあり、私の妹でもある長谷川実世《みよ》が加わり、二〇一一年七月、「『わたし』から始まる『部落』の情報発信サイトBURAKU HERITAGE」がスタートした。HERITAGEには、遺産、財産という意味がある。

セクシュアルマイノリティの友だち

BURAKU HERITAGEを一緒に立ち上げたメンバーとの出会いがあったこの頃、私にはもうひとつ大きな出会いがあった。

当時私は、知り合いの大学の先生の依頼を受けて「講演」というものをするようになっていた。年に一回、部落問題の被差別当事者として感じてきたことや考えていることを授業で話すのだ。ある年、授業の後に有志の学生とランチをすることになった。

「僕、ゲイなんですけど」

大学内の小洒落たカフェで小さなテーブルを囲んで席に着くと、その学生は突然そう言った。

「上川さんの話を聞いてたら、部落出身者とゲイって結構共通点あるんだなって思って。黙ってたらわからないとか、普段見えない存在になっているから声を上げなければその問題を見てはもらえないとか、その中でどうカミングアウトしていくのか悩むとか。『わかる～』って思いながら話聞いてました」

自らゲイだとカミングアウトする人を目の前にするのは、私にとって初めての経験だった。

それまで考えたこともなかったが、確かに言われてみれば結構共通点があるのかもしれない。彼ともっと「共通点」に関しての話を深めたかったが、ランチ休憩の時間はあっという間に終わってしまった。

「実は、さっきの授業を聴いていて、今ここに来たがってたけど時間がなくて来れなかった友だちがいるんです。ぜひ今度ゆっくり話したいと言っているのでまた改めて会いませんか？」

私はその申し出を喜んで受けることにした。そしてその話は、その後彼とメールでやりとりしているうちに、せっかくだからそれぞれ友だちも呼んで集まろうという計画に発展していった。自分たちの存在や感じていることをまずは身近にいる大切な人たちに知ってほしい。そのために、そういう話を当たり前にできる場を作りたい。幼い芹がいて外出には負担があるだろうからと、彼は私の家で持ち寄りでランチ会をするという提案をしてくれた。

当日は、私たち家族も含めて計十一人の様々な属性の人たちが集まった。普段家で使っている座卓に、実家から借りてきたこたつ用のテーブルと折り畳みのテーブルをくっつけ、それぞれが持ち寄った食事や飲み物を並べた。マイノリティとして今までこんなことを思ってきたと誰かが話すと、他の誰かがそれに共感したり反応したり、質問したりする。身構えずに、友だち同士で世間話をするような自然な雰囲気の中で、こうだったらいいよね、これから私はこうしてみることにする、と会話が発展していく。明日から世界がこんなふうだったらどんなに生きていくのが楽になるだろうと思うような時間だった。

その時間を共に過ごした中に、大学でのランチで彼が言っていた友だち、中島潤《じゅん》くんがいた。潤くんは自分をトランスジェンダーだと言った。

「身体は女性だけど自分のことを女性だとは思えなくて、大学に入ったばかりの頃は思いっきり男性として振る舞うっていうことをしてたんです。でも、それはそれで違和感があって、今は、女性ではないけど男性でもない。どちらかといったら男性寄りかな、くらいの感じです」

淀みなく説明するその姿は、今まで何度もこの説明を繰り返してきたであろうことを感じさせるものだった。性別は、男と女のふたつにパキッと分かれているわけではなく、なだらかなグラデーションなんだと潤くんは教えてくれた。マイノリティとして抱えている葛藤やしんどさには共通するものがあったが、潤くんが話してくれるトランスジェンダーについての知識に関しては、知らないことだらけだった。

私は部落民というマイノリティとして、今までずっと自分が被差別側にいるという意識が強く、なんでみんなもっと部落のことを知ろうとしてくれないんだと憤ってきた。でも逆に、部落以外のマイノリティについて積極的に知ろうとしてきたのかと問われたら、ほとんど何もしていないことを突き付けられた気がした。それどころか、平気で人を傷つけるようなこともきっと今までいくつもしてきたのではないだろうか。たとえば、潤くんが参加している学生サークルであるＲｅ：ｂｉｔ（当時）では、ＬＧＢＴ成人式というイベントを計画しているという話題があった。ＬＧＢＴ当事者の中には、ありのままの自分では成人式に参加しづらかったり、参加自体を諦める人もいるという。着たい服を着られない、異性愛前提の恋愛の話題が出た時に嘘をついて話を合わせなければいけないといった場面があるからだ。そのため、ありのままの自分で参加し祝福される経験をすることで、なりたい自分になるための一歩を踏み出してほしいという想いで成人式を開催するのだという。

その話を聞いた時、私の脳内には自分が成人式に出た時に友人に掛けた言葉が蘇ってきた。

「こんな時しか振袖なんて着る機会ないんだから、着たら良かったのに」

振袖を着ている参加者が多い中で、パンツスーツを着ていた同級生に私は無邪気に言った。その子がどんな理由でパンツスーツだったのかはわからない。トランスジェンダーなのかもしれないし、振袖を借りるお金がなかったのかもしれない。障害や病気があって帯で身体を締め付けられなかったのかもしれないし、特に理由はなかったのかもしれない。いずれにせよ、その人が何を着てどう振る舞うかということは、周りがとやかく言うことではないのだ。それなのに、私は「成人式で、女性は振袖を着るのが一般的」ということに違和感がなかったがために無神経なことを言ってしまった。しかもこの時初めて気づいたという有り様だ。

成人式ひとつとってもこんな具合なのだから、きっと今までたくさん同じようなことを気づかずにしでかしてきたのだと思うと恥ずかしかった。学生時代、クラスを見回しては「私はひとりだ」と心が冷たくなっていたけれど、実は同じようにマイノリティ性を持ちながら周りに理解されずに「私はひとりだ」と心の中で泣いていたクラスメイトがいたかもしれない。そう猛省する一方で、今こうして知って気づくことができて良かったとホッとする気持ちもあった。知ったのだから、これからは気を付けることができる。見えないかもしれないけどいないわけではないのだと想像することができる。私はマイノリティではあるけれど、部落民ということを除けば多くの属性でマジョリティ側にいて、見えていない世界がたくさんあるのだと身をもって知ったのだ。そして差別というのは、案外簡単に無自覚にできてしまうのだということも。

ランチ会の間、芹は終始上機嫌だった。絵本を手にすれば近くの人が読んでくれるし、ちょっと歩いているだけでも誰かが声を掛けて一緒に遊んでくれていたのだ。その光景を見ていてふと思った。こうして、自分を大切にしてくれる人たちがなんらかのマイノリティであり、差別されている存在だと理解したとき、芹は何を思うだろう。少なくとも、差別するという思考にはなりにくいはずだ。むしろ、こうやっていろんな人がいるんだということを「当たり前」として育っていけば、無自覚に差別をする機会も減らせるかもしれない。将来自分がマイノリティとして悩むことになったとしても、こうやって過ごした時間や人間関係が芹を救ってくれることもあるかもしれない。なんて心強いのだろう。

このランチ会は、その後も定期的に続いている。潤くんはほぼ毎回レギュラーで参加してくれており、気づけば親戚よりも頻繁に会う関係になっている。

幼稚園選びと制服

ランチ会で潤くんと出会ったことは、芹の幼稚園探しにも影響した。気に入る幼稚園がなければ小学校入学まで家で過ごすのもアリだとは思いつつ、お友だちと遊ぶのが好きな芹には幼稚園に三年保育で入園するのが合っているだろうと考えていたのだが、家の周辺にある幼稚園はどうもピンとこなかった。

幼稚園の日中の活動中に英語や体操といった習い事のようなカリキュラムが設定されていて自由に遊ぶ時間が少ない園。行事が多く子どもが疲れ切っているという話を耳にする園。中には幼くて手が掛かるという理由で早生まれの子どもが入園を断られたという園もあった。しかし、それより何より私が引っ掛かっていたのは「制服」だ。

保育園育ちの私は、中学生になって初めて制服を着たとき、みんなが同じものを着て、ずらっと揃うことを気持ち悪いと感じていた。髪型や下着、制服のスカートの丈などが一定の規準からはみ出ると問題とみなされる。はみ出た生徒が処罰を受けるのを目《ま》の当たりにした他の生徒は、自分にその矛先が向かないように「はみ出さないこと」への努力をするようになる。

中学二年の時、私は学校指定の白い靴下だと思って履いた靴下がクリーム色だったことがあった。

「朝急いでたから、白だと思って間違えて履いてきちゃった。みんなの中にいると黄ばんでる靴下履いてるみたいで恥ずかしい」

休み時間になって友人たちと並んで立ったことで初めて気づいた私に、クラスメイトのひとりが「親切として言ってくれた」言葉が忘れられない。

「今日は一日おとなしくしてた方がいいよ。先生にも先輩にも目つけられて呼び出されたら大変だから」

なぜ白の靴下は良くてクリーム色の靴下はダメなのか。なぜ皆と違うことをすると先輩に呼び出される、つまり生意気だと思われてしまうのか。人と違うことをするのはダメなことなのか。とにかく波風を立てないために、問題視されないために、なぜそれがダメなのかということは問わずに自主規制をして自分を縛りつけているような友人の発言は衝撃だった。私自身は、なぜ制服を着なければいけないのか、なぜ髪の毛のゴムが黒紺茶色しかダメなのか、なぜ下着の色が白じゃないといけないのか、注意されるたびに先生に疑問をぶつけていたけれど、先生は「そう決まってるから」「そういうものだから」という回答を繰り返すだけだった。それでも、納得がいかないことに従っていたら自分の心が死んでしまいそうで、私は何度問題視されても自分が好きな色のゴムで髪を結い、好きな色の下着をつけて学校に通っていた。こういうことに慣れるのは絶対に嫌だと強く思っていたのだ。学校が、そうやって子どもたちを縛り付けたり「指導」したりすることによって、子ども側も思考停止することが「得策」だと「学習」して、自分の好きなことや自由を手放して自ら管理されにいくようになるこのシステムが気持ち悪いし、怖かった。私にとって制服というのは、そういう、「管理」「思考停止」といった価値観を象徴するものだったのだ。

子どもは私とは違う生き物だし、親の価値観を押し付けてはいけない。とはいえ、自分が嫌悪しているものを子どもに与えたいとは思わない。ましてや、幼い子どもに、それがさも当たり前のように制服を着せることが良いことだとは思えなかった。

そう思っていたところに、潤くんと出会い、セクシュアリティという面から見ても制服というのは問題があると私は考えるようになった。性別は男と女のふたつだけに分かれているわけではないのに、制服は性別をどちらかに振り分けてしまう。しかも子ども本人の希望ではなく、戸籍上の性別によって。私はこれまで芹には「あなたは女の子だから」という類《たぐ》いの言葉は掛けてこなかった。また、妊娠後、ベビー服の多くがピンクか水色か黄色であることに気づいて違和感を持って以来、あらゆる色や形のものを意識的に着せてきた。本人も自分のセクシュアリティについてはまだ意識していないだろう。将来的に戸籍上の性別に違和感を持つかもしれないし、持たないかもしれない。それはまだ誰にもわからない。それなのに、「あなたは女の子です」と勝手に決めてスカートの制服を着せるのは、芹の尊厳を傷つけかねない行為だと思った。それに、苦痛を感じている子どもは、他人には見えていないだけで存在するのだから、その制服というシステムに乗っかること自体が間接的に加害行為をしているということではないか。芹を制服のない幼稚園に入園させたいという私の想いはますます強くなっていった。しかし、制服のない幼稚園はいちばん近くても隣の区にしかなく、バスを乗り継いで五十分かかる。そこまでして芹を通わせるべきなのか悩んだが、芹と一緒に見学に行くと、芹がそこをいたく気に入った。

「芹、この幼稚園にする。明日からくる」

在園児と一緒に泥まみれになって遊ばせてもらい、ご満悦の様子だった。普段から公園では泥まみれになって遊んでいるが、周りの子どもたちはそんな芹を大抵、驚きの目で見ていた。しかし、この幼稚園では同じように泥まみれで夢中で遊んでいる子どもたちがたくさんいた。しかも、そんなふうに遊ぶ子どもたちを洗うための温水シャワーも完備している。制服がないという条件でこの幼稚園にたどり着いたけれど、保育の方針も芹に合っているようだった。

「この幼稚園に来るまでにバスいっぱい乗ったでしょ。遠すぎるかなって心配なんだけど」

「大丈夫！　芹、バス乗るのたのしい！」

「今はそう思うかもしれないけど、毎日だよ。本当に大丈夫？」

芹の言葉をそのまま受け取るには不安はあったが、いくつかの幼稚園の体験や見学をしてきた中で、芹が自らここがいいと断言したのは初めてのことだった。

若干の不安が残る私に、園内を案内してくれていた園長先生が尋ねた。

「どうしてわざわざ足立区からこの幼稚園に?」

「制服がない幼稚園を探していてたどり着きました」

そう正直に答えると、園長先生はうんうんと頷いて言った。

「ああ、子どもにあんな揃いの窮屈なもん着せる必要ないよ」

そのひとことに、ここなら安心して通えそうだとほっとして、私の不安は飛んで行った。この幼稚園に入るのだと決めてしまえば、後はどうしたらより負担が少なく通えるかを考えるのみだ。結局ペーパードライバーだった私が運転の練習をし、車で送り迎えをすることになった。教室内に芹を送り届ける間はコインパーキングに車を停めておこうと考えていたのだが、そのことを知った園長先生が、幼稚園の関係者が車を停める敷地内のスペースに車を停めていいと言ってくださり、わざわざお金を払って車を停める必要もなくなった。車だと道が空いていれば片道二十分で通うことができたし、慣れてしまえばそう大変でもなかった。「現実問題、難しいから」とあきらめるのではなく、違和感を無視しない道を選んだからこそ、幼稚園選びは親子ともに満足のいく結果になった。

女の子だから・男の子だから

生後半年で公園デビューをして以降、芹は幼稚園帰りに公園に寄る近所の子どもたちとよく一緒に遊んでいた。ある時、いつものようにその子たちと遊んで帰宅すると、芹が突然本棚から絵本を出してきて並べ始めた。

「この本は、女の子だけ」

「この本は、男の子だけ」

公園で遊んでいたお友だちが、

「ここからこっちは女の子だけが入っていいよ」

「こっちは男の子だけだよ」

と言いながら遊んでいたのを見ていて、芹もやりたくなったようだった。私は少し考え込んでしまった。男の子女の子というふたつのセクシュアリティで分けることにも、限定することにも、私はもう抵抗を持つようになったが、それをどう説明したら芹は理解できるだろう。咄嗟にいい答えが浮かばず、頭に浮かんだその人の名前を私はそのまま口に出した。

「ねえねえ、じゃあさ、自分のことを男の子とも女の子とも思えない子たちはどの本を読んだらいいの？　たとえば潤くんみたいに」

「これ！」

芹は躊躇なく、もう一冊別の絵本を出してきた。男、女、それ以外という三つの選択肢を用意すればいいと考えたんだろうか。グラデーションと言ったところで三歳の子どもには通じないだろう。それならどう伝えたらいいのか、今度は別の角度から攻めてみることにした。

「女の子だけって言われた本を、男の子が読みたいって言ったらどうするの？」

「いいよ」

「だったらさ、最初から分ける必要ないじゃーん」

「ほんとだー！　うへへー」

ふたりで笑ってそのやりとりは終わった。幼稚園に入ったら、いろんな価値観の親のもとで育った子たちとともに過ごす中で、家庭内では触れることがなかった価値観に出会うことは増えていくだろう。親だけでは提供できない面白い価値観に触れられるという意味では楽しみだが、差別だらけのこの世の中においては不安でもある。でもこの件で、今後もし「あれ？」と思うようなことがあったら、こんなふうにその都度話していけばいいんだというシミュレーションができ、私は少し安心できた。自分の説明力のなさを潤くんの存在を使って補ったという申し訳なさもありつつ、こんなときに悲しむかもしれないその人の顔を、私も芹も具体的に想像できるのは正直とてもありがたい。

実際に幼稚園に入園すると、数カ月後にはこんな質問をしてきた。

「ねえ、芹って、女の子なの？　男の子なの？」

「どうしてそう思ったの？」

「お名前、お兄ちゃんたちのときには呼ばれなくて、お姉ちゃんたちのときに呼ばれるから」

入園後に知ったことだが、幼稚園では男女別の名簿が採用されていた。その名簿を使った朝の出欠確認で男の子が先に、女の子が後に呼ばれることから、自分は「女の子」と呼ばれる立場なのかな？　と考えたそうだ。芹の通う幼稚園は制服がないし、上履きも何色でも良い。だがそれは意識的に男女分けをしていないというわけではなく、細かく見ていけば下駄箱や荷物を入れるロッカーの場所が男女別になっていたり、年少の子どもが外遊びの時に被《かぶ》る帽子の色が男の子は緑、女の子はピンクだったりと、そこで分けるのって必要？　と思うことはいくつかあった。

「芹はどう思うの？」

「わかんない、男の子もいいし、でも、七夕のときに『おおきくなったら、おかあさんになりたい』って書いたから、お母さんになるには、女の子なの？」

「んー、女の子でもお母さんにならない人もいるし、なれない人もいるし、自分を男の子って思っててても赤ちゃん生める体の人も、ときどきだけどいるし、七夕で書いたからってそれを守らなきゃいけないっていうわけでもないの。だから、芹が好きなようにしたらいいと思うよ」

「じゃあ芹はどっちもいいなって思うから、〈男の子女の子〉がいい」

ということで一件落着した。私自身はシスジェンダーという立場で自分が女性として扱われることになんの違和感もなく生きてきたが、自分で「女の子として生きていこう」と決めた記憶はない。それは幼いころから繰り返し自分が女の子だと刷り込まれたことでそう思い込み、そのことにたまたま違和感がなかっただけだからなのかもしれない。芹はまだ自分のセクシュアリティについて考えたり感じたりし始めたところなのだろう。この先どう自認していくのかはわからないが、それがなんであれ、丸ごと受け入れたいし、準備しておきたいと思った。

私は以前から、時期が来たら幼稚園の先生とジェンダーやセクシュアリティについて話してみたいと思っていた。それが今なのではないかと感じ、芹の担任の先生に面談の時間を作ってもらえるようお願いした。しかしまだまだ考え始めたばかりで知識も浅い私の言葉で先生にうまく伝えられる自信はまったくない。そこで、奈良教職員組合のウェブサイトで無料ダウンロードできた「教職員のためのセクシュアルマイノリティサポートブック」という冊子を印刷して持参した。

面談は通常保育が終わった後に設定された。芹を預かり保育の先生に託して指定された教室へ出向き、いつも子どもたちが使っている小さいテーブルを挟んで、子ども用の椅子に腰かけた私は先生と向き合った。自分からお願いした場であるにもかかわらず、緊張で何から話していいのかわからなくなり、声も手も震えていた。

ロッカーや名簿が男女で分かれているのは、幼稚園の様々な事務手続き上、男女で分けて整理していることから、その流れのままのほうが先生にとっては効率的で便利なのだという理由があるという。私はサポートブックを見せながら、どんな子どもであっても自分が排除されていると感じないような配慮を是非してもらいたいと伝えた。問題なのは男女分けだけではなく、たとえば、男と女が恋愛関係になるという概念を当たり前として話すことで同性が好きな子が自分はおかしいのではないかと思ってしまうことや、お父さんは仕事、お母さんは家事という絵本が繰り返し読まれることで、ジェンダーの刷り込みになってしまうことなどについても話した。そして、せっかくの機会だからと、面談の最後に部落問題についても伝えることにした。

「部落問題って知ってますか？」

お決まりの台詞を口にした私に、先生は答えた。

「黒人差別の問題ですか？」

「部落」という言葉すら聞き慣れない人には時折見られるリアクションだ。私は動じずに説明を続けた。さっきまでは何をどう話していいのかわからなかったのに、部落の話題になった途端にすらすらと言葉が出てきて我ながら驚いた。

「私は部落問題について今まで知らずに来てしまったけど、知らないことでひどいことをしていたかもしれないです。無知で恥ずかしいです」

先生は真剣に受け止め、そう言ってくれた。

幼稚園ではその後も、それはもうたくさん、いろんなことがあった。

たとえば、テレビの戦隊ものの話をしていたクラスメイトの話題に芹が入っていくと「女の子が観てるなんて変だ」と笑われたという。

「そんなの関係ないよ！　観たい人は、誰だって観ていいんだよ！」

芹はそう言い返したのだと、帰りの車の中でぷりぷりと怒りながら話してくれた。

私がその後、第二子の妊娠を幼稚園のママ友たちに伝えた時は、何度も繰り返し尋ねられた。

「男の子と女の子どっちがいい？」

それってそんなに大事なこと？　という疑問と、答えた後に続くであろう「女の子だったらこうだよね」「男の子だったらこうだよね」と決めてかかるような話題が想像できてしまい、私は毎回うんざりした。

「生まれてきてくれさえすれば、十分だよ。特にどっちがいいとかはないよ」

答えないわけにもいかず、小さな抵抗として私は聞かれるたびにそう答え続けた。妊娠後期に差し掛かると、質問は微妙に変化した。

「どっちだったかもうわかった？」

第二子は妊娠してかなり早い時期に産科のエコーで、

「あ、見えちゃった。おちんちんついてますよ」

と、「男の子」宣告を受けていた。わからないと嘘をつくのも嫌だが男性器があるからといって「男の子」とするのも嫌だったから、

「おちんちんはついてるみたい」

私はモヤモヤしながらもそう答えることにしていた。そんな私の小さな抵抗など相手には響かないのだろうが、そうでもしていないと正気が保てないというくらい頻繁に投げかけられる質問だったのだ。しかしさらにその答えに対し、もっと驚くような言葉もあった。

「男の子なんだ。おめでとう」

勝手に「祝福」されたことに驚き、私は思わず聞き返してしまった。

「え？　何が？」

「あ、ごめん」

きっと相手にとっても思いがけない返答だったのだろう。慌てて謝られた。後で冷静になってから考えたら、これはもしや、「男の子が生まれることに価値がある」という考えに基づく発言だったのではないかと思い至った。つまり男尊女卑ってやつだ。男尊女卑的な思想は男だけが持っているわけではない。男尊女卑がはびこっている社会の中でそこに順応して生きていれば、自然とその価値観を自分の中に取り込んでしまうから、男性として暮らしていない人が男尊女卑的な発言をしたり行動したりすることも珍しいことではない。それが、私が今生きている社会の現状なんだとつくづく感じた。

そうこうしているうちに私のお腹《なか》はどんどん大きくなり、芹は年中に進級した。新年度初日に登園すると、それまで男女別に分かれていた下駄箱が男女混合になっていた。

字が読めない子どもも自分の下駄箱やロッカーがわかるようにと、一人ひとりに用意され、名前の横に貼られているイラストも、年少の時は女の子が持ち物、男の子が乗り物と分かれていた。だが、年中ではすべての子どもに「ノンタン」の絵本の一場面のイラストが割り当てられた。先生と私の面談を知らない保護者や子どもたちは気づきもしない変化かもしれない。それでも、先生が私の話を受け止めて、見えてはいないけれど確実にいるであろう子どもの姿を想像して変えてくれたのだとしたら、それはとても大きなことだと思った。

〈部落〉を子どもにどう伝える？

育児でバタバタな毎日の中でも、BURAKU HERITAGE の活動は順調に続いていた。ウェブサイトには部落に関するブックレビューや、毎月ひとつのテーマを設定してメンバーそれぞれが自分の考えを述べるテーマトークというコンテンツを作って更新を続け、オフラインでも定期的にイベントを開催するようになった。とはいえ、BURAKU HERITAGE のメンバーの中には、「無理しないでやれることをやりたいようにやる」ということが共通認識としてあり、ブックレビューは書きたい人が書く、テーマトークも参加したい時に参加するという緩さだった。メンバーの多くが部落解放運動になんらかの形で関わった経験があることが関係しているのか、世代的なものなのか、社会運動的な活動を長く続けていくためには燃え尽きないような工夫が必要で、無理しないこと、嫌なことは嫌だと声に出して言えること、それが当たり前に受け止められる場であることが大切だという考えが自然と共有されていた。当たり前だが、BURAKU HERITAGE のメンバーには部落問題の話がすんなり通じるから、何を相談するにしても部落問題についての前提を説明する必要がなく、いきなり本題にズバッと言及できる。

私にとってそれはとても心地良いことだった。

ある時、私はメンバーのひとりであり、北芝で働いている緑ちゃんから、「いま、〝部落〟を子どもにどう伝える？」というセミナーの話題提供者として呼んでもらい、このテーマで北芝の人たちとじっくり話す経験をさせてもらった。

セミナーでは、前半に私が部落問題を子どもにどう伝えていったらいいのか悩んでいることについて少し話し、後半は緑ちゃんのファシリテートのもと、参加者がグループに分かれて自分の経験や考えを出し合うというワークショップを開催した。私もひとつのグループに入れてもらい参加したのだが、そこでは初めて知ることばかりだった。私の親世代のある参加者は、そもそも家庭内で子どもと部落問題についての話をしてこなかったという。それならば子どもは部落について知らないのかと問う私にその人は言った。

「もちろん知ってるよ。だって学校で教えてくれるから」

学校で部落についての授業があり、それはここ、北芝が部落だということはわかる内容だった。だからその人の家庭内では、部落について直接子どもにどう話すかというよりは、どうフォローするかということに主軸があったそうだ。私も子どもをどうフォローするかについてだけ考えたい。羨ましい……。またついつい、そう思ってしまったが、その直後に同じく親世代の別の参加者からの発言を聞いて即座に自分の浅はかさを恥じた。

「先生が『もうすぐ部落問題の授業が始まるんで』って家に面談に来てくれるんよね。それで、事前に子どもに伝えといたほうがいいのかな、それとも授業の後で何か聞いてきたら話せばいいのかなってすごく悩んで。授業まであと三日、二日、一日ってずっとドキドキして。当日は『今ごろ授業やってるんやな。どんなふうかな』ってやっぱりドキドキして。子どもが帰ってきたら、『なんか言ってくるかな。こっちから何か声掛けた方がいいのかな』って子どもの様子を窺ってやたらぎこちなくなってしまったりしてね」

どんな状況であっても、親は子どもが部落について知ることに対しては心配が尽きないのかもしれない。また、私の親世代の参加者たちは代わる代わる私を励ましてくれた。

「そりゃ、ひとりで子どもに部落問題を伝えようとしたらしんどいよ。上川さんがひとりで背負わざるを得ない環境にいたことはよくわかるけど、こうしていろんな人と繋がったんだから、もうひとりで背負う必要はないよ。いろんな人からいろんな形で伝えてもらえばいいよ」

「一生懸命、部落について考えてるあなたの姿を見てたら、子どもはきっとちゃんと育つよ。大丈夫、自信もって子育てしてね」

部落について私以外の誰かにも一緒になって芹に伝えてもらえるなんて考えたこともなかった。誰にも頼れない、私がやるしかないのだとガチガチになっていた肩が軽くなった。

このセミナーには、北芝で子育てをしている私と同世代の人たちも参加していた。グループが違ったため、どんな内容の話が出たのか知りたくて、セミナー終了後に声を掛けようとその輪に近づくと、議論はまだ続いていた。

「せっかく多実さん来てるし、この話の続きもしたいし、明日うちで鍋パーティーせえへん？」

初めて北芝に来た時に、芝樂の広場で芹と一緒にうどんをすすっていた子のお母さん、北芝では、ぷうさんと呼ばれている中嶋治子《なかじまはるこ》さんが誘ってくれて、私は喜んで伺うことにした。子育てをしている同世代の部落の親たちとじっくり話をするのは私にとって初めてのことだった。

翌日ぷうさん宅に伺うと、大人も子どもも次々とやってきて、中嶋家は人でごった返していた。親子で、または子どもだけで、さらには自分に子どもはいないけれど地域の大人として大事なことだからと話をしに来る人もいた。初めて北芝に滞在したときに泊めてもらった池谷さんの家のように、どこに何があるのかを家族以外の人もよく知っていて、誰が誰の子で誰の親で……なんてわからないくらい皆ぐちゃぐちゃに入り乱れていた。

子どもたちがあちこちで文句や泣き声が飛び交う大騒ぎを経て、鍋を食べ終え隣の部屋で遊び始めると、やっと大人の時間になった。私たちのグループがどんな話題だったのかと訊ねられ「学校でここが部落だと習ってくるという話が印象的だった」と答えると、ぷうさんはにこやかな中にも少し厳しさを滲《にじ》ませながら言った。

「ああ、でもそれは法律があった頃の、運動ももっと盛んだった時代の話やね、きっと。今は学校でも一応同和教育はあるけど、そこまではしない」

「そしたらやっぱり、親から話すみたいな感じになるの？」

「うん、まあそうかな。でも、親以外にも部落のこと教えてくれる人はいっぱいおるし、こうやって毎日みんなごちゃごちゃして過ごす中で感じることもあるだろうし。ここが部落なんだってわかった時に、そのことを嫌だって思うんじゃなくて、それでもやっぱりここが好きで、ここで生まれて良かったたって思ってもらいたいっていう願いがある」

ああでも私には、そのコミュニティっていうプラスの要素がないんだよな……と反射的に頭に浮かんだ考えを、私はグイッと払いのけた。隣の部屋を見れば、芹が他の子たちとご機嫌で遊んでいる。これが日常ではないけれど、それでも芹ももう既に部落と関係がなければできない出会いや経験に恵まれているのだ。そのことが芹の中でプラスの経験として残ってくれることを私も願いながら、一緒に時間を積み重ねていこう。

翌日、東京へ帰る新幹線が動き出すと、窓の外を見ていた芹が突然、自作の歌を歌いだした。

「昨日はみんなで遊んだのー。でも帰らなきゃいけないから悲しいのー」

北芝に滞在したこの数日間が芹にとって楽しい経験になっているようで良かった。私の心の中は、喜びと安堵《あんど》で満たされた。歌い終わってくるっとこちらへ振り返った芹の目には涙が浮かんでいて、私と目が合うなりわんわん泣き出した。芹を抱きしめながら、私は泣くのを必死に堪えた。「もう大丈夫。もう自分ひとりで抱えているなんて考えなくていい」そのことを芹の涙が証明してくれているようだった。

子育ての日常から社会を変える

「上川さん、もう赤ちゃんの頭、見えてきてますからね。次に陣痛が来たら、いきまずになるべく力抜いてね。それでもう赤ちゃん出てくると思うから」

産院の分娩室で助産師さんにそう告げられ、あと少しで第二子をこの手に抱ける、そう思った瞬間のことだった。

「芹、おしっこいきたい」

生まれてきた赤ちゃんに帽子を被せるという大役のスタンバイをしていた当時四歳の芹が、突如そう宣言し、周囲にいた大人全員が慌てふためいた。

「上川さん、次の陣痛ちょっと我慢してみようか。芹ちゃん、急いでトイレ行っておいで」

助産師さんの素早い判断のもと、芹はトイレへ向かい、私は生まれてこようとする赤ちゃんを必死に産道内に引き留めるというミッションに挑んだ。陣痛の波が押し寄せてくると同時に、赤ちゃんが産道を下りてくるのがわかる。が、私はトイレを我慢する時のようにギュッと下腹部に力を入れ、赤ちゃんを外に出すまいと必死になった。陣痛の波が収まると同時に赤ちゃんはスーッと産道を戻っていき、私は「ごめんね」と心の中で謝った。芹がトイレから戻ってくると間もなく次の陣痛が訪れ、やっとのことで第二子の遊《ゆう》が生まれてきた。

「はい、芹ちゃん、帽子、被せてあげて」

助産師さんの誘導で、遊に冷えを予防するための帽子を被せた芹は、

「かわいい」

うっとりした表情で遊を見つめていた。臨月の頃、

「赤ちゃんが生まれたら、ママは芹のこと嫌いになっちゃう？」

そう不安を口にしたこともあったが、遊のことをかわいいと感じて受け入れてくれているようで私はホッとした。

遊は、エコーで告げられていたのと同じく「男の子です」と判定され、そう記された出生証明書が用意された。出産し、生まれた子どもの外性器を見て性別が判断される。その流れは芹の時と同じだが、受け止める私の気持ちはだいぶ違っていた。もし誕生時に割り当てられた性別にその後違和感を持ったとしても、名前には違和感が生まれないようにと考えて付けた。

芹と同様に、服装もおもちゃも遊びも「女の子向け」「男の子向け」といったジャンル分けには乗らず、本人にも性別を意識させるような声掛けや態度はとらないことを心掛けた。そうやって、芹と同じように、遊のことも育てていけばいいと思っていた。ところが、遊を生んでから、よく周りの人からこんな質問を投げ掛けられるようになった。

「やっぱり女の子を育てるのと男の子を育てるのって違う？」

女の子と男の子ではそもそも気質や性格が違うという類いの通説に私はうんざりしていた。子どもの気質や性格が違うとして、それが女だから男だからという理由だと一体何から判断できるのだろうか。人ってそもそも違うものじゃないの？　そう反論したかった。そんな考えから、私はいつもこう返答していた。

「それがさ、そっくりなの。やることなすことすごく似てて、男女で違うとかよくわからない」

不思議なことに、実際芹と遊は同じような行動をとることが多かった。五学年の年齢差があり、芹が乳児だった頃の行動を遊が模倣することは不可能なのだが、遊はまるで芹のことをお手本にしているのかと思うような振る舞いをするのだ。公園に行けばずっとブランコに乗っているし、砂場で遊び始めればすぐに水を持ってきて泥遊びをしようとする。バケツがなければ自分の靴を脱いでそこに水を入れるし、気づけば水道の飲用の蛇口を指で塞《ふさ》いで噴水のように周囲にまき散らす。なぜこんなことまでと、不思議なほどに同じような行動をとる芹と遊だったが、決定的に違うことがあった。それは周囲の大人たちの反応だ。

泥遊びをして周りの子どもに泥を飛ばしてしまったり、水で濡らしてしまったりした時、私は当然、謝る。他にも、たとえば芹も遊も欲しいおもちゃがあるとお友だちがそれを使っていてもお構いなしに横取りすることがあった。そんな時はお友だちにも保護者にも謝って、本人には繰り返し言い聞かせる。

『かーしーて』だよ。いきなり取ったらダメだよ」

芹が幼かった時はなかなか自制することができずトラブルが絶えなかった。そんなことがあまりに続いて私も参ってしまい、一時期は誰もいない公園を探して私たちだけで遊んでいたほどだった。遊が生まれ芹と同じような行動をとるようになり、私は身構えた。また嫌な顔をされたり、一日に何度も謝ったりする日々が始まるのだろう。しかし遊が芹と同じような振る舞いをして私が同じように謝ると、思いもよらない展開が待っていた。

「大丈夫だよ。男の子はこれくらい元気な方がいいよね」

むしろ保護者からは好意的に受け止めてもらえることが多かったのだ。公園でも児童館でもスーパーでも、「女の子」である芹がしていた時には「迷惑」と受け取められた行為が、「男の子」である遊がすると「元気な印」と周囲の大人に理解を示され続けた。男尊女卑とか、男女差別というものは、女性だから賃金が低いとか、女性だから出世できないとかそういうことだけではない。こうして日々、社会のあらゆるところで男だからというだけで許されたり褒められたり、女だというだけで許されなかったり烙印《らくいん》を押されたりする。こんなに小さな頃から、毎日まいにちその価値観の中で育つという社会の現実を目の当たりにしたのだ。

「女の子だから」「男の子だから」と意識するようには育てたくないという私のそれまでの気持ちは、自分が何者であるのかは自分が感じたままに決めればいいし、決めたくなければそれでもいいというセクシュアリティに関する問題だった。だから、芹も遊も同じように接していけばいいと思っていた。しかし、「女」か「男」かということでこんなにも世間からの眼差しや扱われ方が違うということ、つまり子どもたちの前に立ちはだかっているジェンダーの問題を目の当たりにして、セクシュアリティの面では同じように接することを心掛けつつも、社会からの扱われ方が違うという点を考慮したそれぞれの接し方をしなければいけないのではないかという考えに変わっていった。

子育ては、特別な問題が起きなくても、日々大変だ。だから正直に告白すると、遊がやんちゃをしても周囲から咎《とが》められずむしろ褒められることは、一緒にいる親としては楽だった。でも、女性として育ってきた立場の私は、同時に心の中がザラザラした。何より、芹に申し訳ないような気持ちになった。この楽さに乗っかってしまうことは、社会と一緒になって芹を踏みつけているような感覚があったのだ。この社会にある差別をなくしていきたいと思っても、相手はあまりに大きくて何をどうしたらいいのか途方に暮れてしまう。でも、なるべく乗っかりたくはない、抗いたい。芹や遊もそういうところに乗っかる人に育ってほしくない。だからやっぱり引き続き、他の問題同様、ジェンダーに関しても今できることを少しずつやっていくことにした。

たとえば、芹のおさがりの服を遊が着ていると、「かわいそう」だと言われることがたびたびあった。男の子がフリルのついた服を着たり、スカートを穿いたりするのは変だ。男の子はかっこよくあるべきだということなのだろう。そのたびに、私はこんなふうに返した。

「そう？　でも本人が気に入ってるし、男の子がスカート穿くのもアリじゃない？」

すると時には横から思いがけずフォローしてくれる人が現われることもあった。

「いいじゃん、似合ってるし。かわいいよね」

「うちの子もお姉ちゃんのスカート穿きたいって言ってたから穿かせてたよ」

そうやって、少しずつ違和感を表明してそこに共感してくれる人たちを見つけ、理解者を増やしていくことはとても有意義だし、楽しいことでもあった。

マジョリティ特権を知る

BURAKU HERITAGE の二回目のイベントの時のことだった。東京にある部落のフィールドワークをした後に、部落のソウルフードを食べるというイベントを開催すると、そこに上智大学の英語学科で教授をしている出口真紀子《でぐちまきこ》さんが参加してくれた。イベントが終わった後の二次会で、人権教育についての話題になると、出口さんは切り出した。

「日本ではまだまだマイノリティの問題に取り組むのはマイノリティ当事者という考えが根強いけど、アメリカでは今、社会的公正ということが意識されつつあって、自分は社会の中でどんな特権を持っているのかということを自覚させることから始まるんです。たとえば、日本で主流の絆創膏《ばんそうこう》っていわゆる『肌色』ですよね。ベージュ色。その色が自分の肌に馴染む人が多いから、そのことをみんなあまり気にしていない。でも、それが自分の肌には馴染まない人も少数だけど、いる。馴染まない人は自分の肌に合う色の絆創膏を探したり、我慢して色の合わない絆創膏をつけたりっていう負担があるでしょう。でも、馴染む人はそういう負担を負わなくて済む。それを『絆創膏の色が肌に馴染む特権がある』という言い方をするんです。困らなくて済んだり、気にすらしなくていい特権を、〝マジョリティ特権〟って呼びます。不利益を被るのは少数であることが多いから、少数の人たちが声を上げてもなかなか社会は変わっていかない。つまり困らせているのは、困っていないからその問題の解決に動こうとしないマジョリティ側だ。変わるべき、その問題に取り組むべきはマジョリティ側だっていう考え方です」

差別はされる方が悪いわけではない。する方が悪い。だから胸を張って生きていきなさい。私は両親からそう繰り返し言われてきた。しかし、自分が暮らしている社会の中で胸を張って生きていくためには闘い続けることが必要で、それは時に私を疲弊させた。そして、闘おうとする私の相手をする人たちの迷惑そうな態度が心の中に積もり積もっていった。部落問題について考えてほしいと周りに伝えることは、私のわがままなのだろうか、だってみんなは困っていないのにそのことについて考えてほしいって言われるんだから。そう考え込んでしまうこともあった。でも、違うんだ。困っていないからこそ、考えるべきなのだ。スローガンではなく、具体的かつ論理的に語られる出口さんの話に私はすっかり惹きつけられた。

「アメリカの基準ではあるけど、自分がどれくらいマジョリティ特権を持っているかということを認識するためのチェックリストもあるんですよ。『テレビの司会者はだいたい自分と同じ性別だ』とか、『責任者を出してほしいと伝えて出てくるのは大抵自分と同じ人種だ』とか。自分と同じ属性を持っている人が権力者側に多いと、自己肯定感を高く持てるし、将来自分も権力を持てるというイメージが持ちやすい。社会の中で自分は当たり前だと思っているけど、実は努力して身に着けたわけではない属性で優位な立場にあるということを否応《いやおう》なしに自覚せざるを得ないっていうようなものなんです」

出口さんが語るマジョリティ特権の理論は、これまで私がなんとなく感じていた違和感を一つひとつ言語化し、整理してくれたようだった。そして心の中にこびりついていた引け目も、いつの間にかきれいに洗い流してくれたような気すらした。と同時に、これまで自分の「部落」というマイノリティ性にばかり目を向けていた私自身も、「部落」「女性」という以外の属性で見ればマジョリティ特権だらけであり、自分が困っているわけではないからと目を向けずにいることで、差別の温存に加担していることが数えきれないほどあるということも感じずにはいられなかった。潤くんと知り合ったことでセクシュアリティについては自分がずっと何も考えずに生きてきたのだと気づくことができたけれど、それこそが私のマジョリティ特権のひとつだったというわけだ。

自分が困っていないから見えていないということは、敢えて見ようとしなければ見えないということだ。見ようと心がければ、見えてくる世界はいくらでもある。電車で移動する時に乗換案内のアプリで提示されたルートを安心して使えるのは私が自分の足でスタスタと歩き階段を使える健常者だからで、これは健常者特権だ。婚姻制度を利用できたのは私が異性愛者特権を持っているからだし、自分が住んでいる地域の選挙権があるのは日本国籍があるという特権だ。日本語の映画をふらっと観に行けることも、買い物中にジロジロ見られないことも、躊躇なく温泉やプールに行けることも、すべて私が持っているマジョリティ特権なのだ。私はそうやって、この社会の中でマジョリティである自分たちだけが優遇されている状態で、のほほんと生きてきたということだ。そんなふうに考えると、苦しいような申し訳ないような、罪悪感のようなものが湧き出てくる。でもマイノリティ側はいつだって社会の中で不利益な立場に置かれているのだ。マジョリティ側だって罪悪感を持つくらいでちょうどいいのかもしれない。

出口さんと出会った約一年後、四回目の開催となったBURAKU HERITAGEのイベントには、東京都多摩市にある「自立ステーションつばさ」から二十名近くの申し込みがあった。つばさは、重度の障害を持っていても施設や親元を離れ、地域の中で当たり前に暮らしていける社会の実現を目指して活動している団体だ。以前参加したハンセン病の勉強会で知り合った方がここのスタッフで、それをきっかけに新年会や地域イベントのお手伝いなどにときどき行かせてもらう関係が続いていた。今回は、つばさのほうから、部落問題のことも勉強したいとイベントに申し込んでくれたのだった。つばさに遊びに行くようになり、出口さんの話を聞いて健常者特権に気づいた私は、「その人の存在を想定しない」という差別をしないためにと、このイベントから告知文にバリアフリー情報を記載していた。

【参加費千円（子連れ歓迎！　小学生以下は無料）／会場バリアフリー情報……車椅子対応トイレ・エレベーター・スロープ・授乳室・オムツ換えスペースあり。車椅子の方は和室の養生の必要がありますので、お手数ですがお申し込みの際に車椅子でご来場の旨、車椅子をご利用

の方の人数をご記入ください】

しかし、これを読んだつばさのスタッフでもある友人からは、こんな質問がきた。

「参加費なんですが、これは介護者も支払う感じですか？」

ハッとさせられたひとことだった。告知文を作る時に、どんな情報があれば安心して申し込んでもらえるだろうと私は最大限の想像をしたつもりだったが、重度障害者は介護者が付き添わなければ会場に来れないし、参加できないという認識が足りていなかったのだ。もっと想像すれば、考えれば、情報収集すれば良かったと、この時私は後悔した。でも、問題の本質はおそらくそこではなかったのだと後になって気づいた。私がしたことは、男性たちだけで会議室で話し合う「女性活躍支援」のようなもので、その問題に困らされていないマジョリティが勝手に考えるマイノリティへの配慮だった。どんな情報が必要か、どんなサポートがあったらいいか、マイノリティ当事者の声を聞くことなく勝手に想像して、それでいいと思っていた私の態度そのものが間違いだった。聞こうと思えば聞けるのにそれをせず、独りよがりな「配慮」をしたところで、それは自己満足であり、排除なのだ。自分がマジョリティ側になればいとも簡単に、無自覚にこうしてマイノリティを排除してしまうのだと、身に染みた一件だった。

マジョリティ特権について話していると、怒り出す人にときどき遭遇する。自分のマジョリティ性を突き付けられたことで、「自分は差別したいわけでも、してるつもりもないのに、加害していると言われたのが不当だ」と。でも残念なことに差別は「する／しない」「したい／

したくない」という問題ではなく、社会の中に「ある」ものだ。この社会においては誰もがマイノリティ性とマジョリティ性を持っているが、その中でマイノリティ性を多く、強く持っていればいるほど、社会的に不利な立場に置かれやすいという構造がある。「差別がある」社会の中で自分がどの立場にいて、何をすべきなのか、それを考えて実践していくための物差しがマジョリティ特権なのだと思う。「その問題は私には関係ない」なんて人はいないのだ。

ただ、自分が持つ特権について意識したり考えたりすることは、苦しいことばかりではない。潤くんと知り合った頃、私はこれまで自分が意識せずにおそらく踏んづけてきた足をどけたいと、セクシュアルマイノリティについての勉強会やイベントに通い詰めていた。ある時、興味関心が近いと私が勝手に思っていた古くからの友人をイベントに誘ってみたところ、快諾してくれた。一緒にイベントに参加し、二次会ではそこで出会った人たちとも交流し、充実した一日になった。その人は、私がひとりで参加した勉強会の話をしてもいつも真剣に話を聞いてくれていたから、こうやって一緒にセクシュアリティについて考えたり話したりできるような輪が自分の周りでも広がってよかったと私は能天気に考えていた。そんな矢先のことだった。

「もう気づいてるんだとは思うけど、一応ちゃんと話しておくね。私、バイセクシュアルなんだよね。セクシュアリティも、自分でもあまりよくわからない」

ベンチに並んで座った友人は緊張した面持ちで私とは目を合わせず、前方を真っ直《す》ぐに見つめながらそう話してくれた。私はその状況に、戸惑った。これまで私は、イベントや勉強会でも、潤くんと出会った時も、その人がセクシュアルマイノリティであることを前提として知り合っていた。しかし、この日の友人からの告白は、もともと友人関係だった人がセクシュアルマイノリティであったことを知るという、私にとって初めての経験だったのだ。

「え、全然気づいてなかった。そうだったの？」

完全に想定外の出来事に、私は無神経にも素っ頓狂な声を上げて驚いてしまった。

「え？　気づいてたから誘ったり話したりしてくれてたんじゃなかったの？」

友人は友人で、そう驚いていた。これまで勉強会やイベントには参加していながら、こんなふうに身近な人からカミングアウトされることを想定していないなんて、私は何を勉強してきたんだろう。自分自身に呆れ、失望した。加えて、長い付き合いの中で、友人はずっとこのことを私に言えずにいたのだと考えると、自分が「してこなかった」「考えてこなかった」ことの痛みに押し潰されそうだった。でもそれこそが、友人の足の痛みだったのだろう。

それ以降、友人は、当たり前に自分がセクシュアルマイノリティだという前提で私と話をするようになった。私が踏んづけていた足を、もう完全にどけられたなんてことは思っていないし、思えるわけもない。それでも、自分のマジョリティ性と向き合う中でこうして友人との関係が変化したことは、私の中でとても大きい、豊かな経験だった。自分のマイノリティ性と向き合うことも、マジョリティ性と向き合うことも、苦しくもあるが豊かな営みなのだと思う。

バーバパパのがっこうを探して

難航した幼稚園探しを経て、良いところに巡り合えて良かったとホッとしたのも束の間、今度は、芹の小学校入学について悩むことになった。私が住んでいる区の公立小中学校は学校選択制を採っているため、学校公開や説明会に参加してどの小学校を入学希望校にするかを決めなければいけないのだ。年長の十月には決定して届けを出さなければいけないことを考えると、年中のうちには情報収集を始めておいた方が良さそうだと私は考えていた。

しかしそれ以前に、芹が学校というところに入るのだと思うと気が重くて仕方がなかった。私が在籍していた頃よりもずっと、現在の小学校は窮屈に思えた。鉛筆も筆箱も下敷きも、無地のシンプルなものを指定されるという話を小学生の子どもがいるママ友から聞いた時はゾッとした。ママ友が学校説明会でその理由を問うと、「いじめ防止」という答えが返ってきたそうで、私はさらに頭を抱えた。私が子どもの頃悩まされ続けた式典での君が代とまた向き合わなければいけなくなることも、考えただけで憂鬱だった。

そんなある日、芹が図書館で借りてきた絵本を読んでほしいと持ってきた。タイトルは

『バーバパパのがっこう』。バーバパパの友人であるふたごのきょうだいが、学校に入学することになる。バーバパパも一緒についていくと、学校は荒れていて、大人たちは子どもたちを縛り付けることでなんとかおとなしくさせようと躍起になっている。そんなことじゃ子どもたちは変わらないよと、バーバパパは、子どもたち自身が好きなことをしながら学べる学校を作る。すると、子どもたちはそこで生き生きと学び始め、楽しく幸せな学校生活を送るようになる。そんなストーリーだ。この絵本を読んだ芹のひとことが、未来を運命づけた。

「芹、バーバパパのがっこうみたいなところに行きたい。こういうところある?」

思ってもみなかった質問に私は一瞬うろたえた。オルタナティブスクールと言われる、いわゆる「学校」とはまた違う学びの場があるということは知識としてはあった。しかし、現在の日本の教育システムにおいてそういう場は正式な学校としては認められていないところがほとんどだし、公立の学校に比べると学費も高い。「ある」と答えればそこに行きたいと言われるだろうが、もしそうなったらどうしたらいいのだろう。でも、「ない」と嘘をつくのはフェアではない。

「一応、あるにはあるよ」

「あそこ?」

芹が最寄りの公立小学校の方角を指さす。

「あそこは、バーバパパのがっこうみたいな感じではないの。でも、がんばって遠くまで通うなら、バーバパパのがっこうみたいなところはなくはないかな」

「じゃあ、芹、そっちがいい」

そうだよな、そりゃ、そうなるよな。無邪気に答える芹の笑顔を見ながら私は動揺していた。学校という場に抵抗がありつつも、私はそれまで学校以外の選択をするということを現実的に考えたことはなかった。即答できる問題ではないから、「まだ小学校に入るまで時間はあるから、いろんなところを見に行ってみて、それから決めようね」と伝えて話は終わった。

年長になってすぐ、最寄りの公立小学校で学校説明会が開かれた。遊を抱っこ紐の中に納め、芹と一緒に学校へ向かった。案内された教室に入ると、他にも子どもが一緒に参加している親子が数組いて、その中には公園でときどき一緒に遊ぶお友だちもいた。説明会の間、芹はその子たちと一緒に教室の端で楽しそうに遊んでいて、説明会の最後に管理職の先生が学校の中を案内してくれるというので廊下に出ると、芹がササッと私に寄ってきて言った。

「やっぱり、バーバパパのがっこうじゃなくて、ここでもいいかも」

笑顔でそう言い終わるなり、スキップでお友だちのところへ向かって行く芹の後ろ姿を見ながら、ああ良かったと安堵している私がいた。学校に対して違和感がありつつも、結局のところ学校に通わせたいと思っているのだという自分の気持ちに気づいて複雑だった。まあでも、結果的には芹も私もこの学校に通うことを希望するのなら、それはそれで覚悟を決めて通うしかない。そんなことを考えていた矢先だった。先生が説明のために立ち止まったのだが、それに気づかない子どもたちはどんどん廊下の先へ進んでいってしまった。　私は遊を抱いていたのですぐに駆け寄ることができず、大声で叫んだ。

「ちょっと、止まって」

すると、案内してくれていた先生が言った。

「戻っておいで！　そっちはおばけがでるよ」

え、今なんて言った？　私は耳を疑った。「今ここで説明してるから、先に行かないで待っててと説明すればいいのに、なぜ「おばけがでる」と怖がらせて戻ってこさせようとしているのだろう。目の前にいるこの子たちを話をしてもわからない人間だと端《はな》からバカにしているのだろうか。私は驚きのあまり、その教師の顔を凝視してしまったのだが、そのまま何事もなかったかのように説明は続いた。

数日後には学校公開があった。授業参観の拡大版とでも言えばいいだろうか。この日は誰もが学校の授業を見学することができる。芹と一緒に一年生のクラスを見学に行くと、子どもたちが新聞紙で洋服のようなものを思いおもいに作っていた。自分が作った作品を身につけて廊下で遊びだす子もいて、とても楽しそうだった。こんなふうにのびのびと遊べる授業もあるのだと思うと、「おばけがでるよ」で感じた不安が少し薄らいだ気がした。いや、そう考えて薄めようとしていたというのが正直なところだったかもしれない。

「楽しそうだったね」

ある程度授業を見て芹と言い合った後、せっかくだからと、高学年の子どもたちの授業も見学してみることにした。芹が小さい時からずっとかわいがってくれている、近所に住む五年生のお兄さんがいるはずだ。目的の教室に到着し、教室後方のドアから中を窺うと、ちょうど休み時間が終わったところで、お兄さんは芹を見つけるといつものように目じりを下げてデレデレに笑い、着いたばかりの席から手を振ってくれた。その直後のことだった。

「チャイムはもう鳴り終わってるのに、なんでこんなにざわざわしてるんだ」

前方のドアから入ってくるなり、担任と思われる先生が怒鳴った。特別背が高いわけではないが身体ががっしりとしているぶん大きく見える、厳しそうな先生のその迫力に、さっきまでデレデレしていたお兄さんは、手を膝の上にピシッとそろえ、背筋を伸ばして真顔で前を向いた。周りの子たちも同様だった。今時、こんなふうに怒鳴る先生もいるのかと驚いていると、その教師は続けた。

「体育は終わったというのに、体育帽が机の上に乗っている人がいるのはどういうことだ」

「机の列が揃ってない。授業を受ける気がないのか。学校公開だからって浮わつくな」

次から次へと怒鳴り声が響き渡り、教室内は静まり返った。

「もういい。見なくていい。帰る」

芹が私の手を摑《つか》んで引っ張ったので、お兄さんの授業はそれ以上見ずに私たちは帰宅することにした。学校を出てすぐ、歩きながら芹は言った。

「あの先生、怖かったね」

「そうだね、びっくりしたね」

「あの先生がどうして怒ってるのか、芹、わからなかった。幼稚園で先生が怒ると怖いけど、それは理由があるからなんで怒ってるのかわかるの。でも机が揃ってなかったとか、帽子が机の上に乗ってることは、怒られないといけないことなのかわからない。芹、わからないのに怒られるの、いや。この学校はやめとく。やっぱり、バーバパパのがっこうにする」

芹もこの学校を気に入り、私も公立の学校に入学させたいという気持ちが自分の中にあることがわかり、私は自分を納得させようとしていた。でも説明会や学校公開で目にした光景は、芹だけでなく私の気持ちまでも「バーバパパのがっこう」へと傾けさせた。

オルタナティブな教育とはいってもいくつかの種類があるが、金銭的な事情から私はフリースクールに焦点を絞った。フリースクールは、国から認可を受けた「学校」ではないため、どこか認可を受けている学校に在籍しながら、そこを休んでフリースクールに通うという形式をとる必要がある。十月に役所から送られてきた小学校の希望選択票には、最寄りの公立小学校の名前を入学希望校として選び、備考欄に「この小学校に籍を置かせてもらって、フリースクールに入会したいと考えています」と記入して提出した。

就学時健診という名の壁

「芹のママ！　あのね、昨日学校に行ってテストしたんだよ！　私、テストがんばったよ！」

いつものように朝、幼稚園に登園して教室に入ると、芹と仲良しのお友だちが私のもとへ駆け寄ってきて、興奮しながら嬉しそうに教えてくれた。教室を見回すと、あちこちで子どもたちが保護者を捕まえてはその「テスト」について熱弁している。どうやら前日、幼稚園の最寄りの小学校で就学時健診があり、そこで知能テストがあったらしい。私自身は、小学校に入学する前に就学時健診を受けていない。両親が「あれは障害がある子どもを普通学級から外すための差別的な制度だ」と受診を拒否したからだ。そこで何が行われるのか具体的によく知らなかった私は、就学時「健康診断」という名目なのに知能テストがあるということに驚いた。芹の就学時健診の通知は我が家にも届いていたものの、まだ日程が先で、具体的にどうするかはそろそろ考えないといけないなと思っていたところだったから、これを機に就学時健診について調べてみることにした。

区から芹に送られてきた通知には、「必ず受診してくださいますようお願い申し上げます」

と書いてあったが、調べていくと強制ではないことがわかった。正確に言えば、行政側は就学時健診を行わなければならないとされているが、受診側に強制することはできない。

　知能テストに関しては、私が調べた限り、その結果によっては本人が希望したとしても普通学級には通えないこともあるそうだ。身体的にも精神的にも、ある一定の基準を満たした子どもだけが地域の公立学校に「当たり前」に通えて、そこからはみ出している子どもは「当たり前」には通えない。これってやっぱり差別なんじゃないだろうか。たとえば、公立の小学校にはどんな子どもであっても入学できて、サポートが必要な子どものための準備をするために就学時健診があるというのなら、受診してもいいかもしれない。しかし実際はサポートが必要な子どもを排除する方向に使われる健診だと私は感じ、芹には受診させないことにした。

　年が明けたある日、幼稚園から帰宅し、子どもたちがテレビを観ている間に夕食を作っていると、知らない番号から電話がかかってきた。どこからだろうと恐るおそる出ると、入学希望票を出した最寄りの小学校の養護教諭からだった。

「今日入学説明会だったのですが、上川さんがいらっしゃらなかったので、お電話しました。何か体調不良などありましたか？」

　入学説明会というものがあるらしいということは知っていたが、私は日程を知らなかった。そう伝えると、就学時健診の時に説明会の案内があったのだという。芹は就学時健診を受診していないこと、学校に籍を置かせてもらってフリースクールに通う予定であることを説明すると、いったん電話は保留になり、副校長だという人が電話に出た。既にこの学校に子どもを通わせている近所の先輩ママから、何かあったら相談するといいよと聞いていた、保護者から信頼の厚いらしいその副校長は言った。

「こちらの学校に在籍するのなら、就学時健診は必ず受けていただかなければいけません」

あまりにきっぱりとした口調だったので、こちらが間違って認識しているのだろうかと一瞬戸惑いつつも、強制ではないこと、私自身も小学校に入学する時には就学時健診を受けていないが入学できていることを伝えた。しかし、先方は強制だということを繰り返すばかりだった。

「では、役所に確認します。今日はもう閉まってしまっている時間なので明日ご連絡します」

副校長は私にそう言い渡し、電話は終わった。就学時健診は強制だというあの言い切り方からすると、本当に強制する方向に制度が変わったのだろうか。私の調べ方が甘かったのか。混乱していると、再び学校から電話がかかってきた。

「すみません、役所に確認ができて強制ではないことがわかったので、受けなくて結構です」

副校長はあっさりそう告げた。私はホッとすると同時にどっと疲れに襲われた。それにしても、間違えて認識していたにもかかわらず、副校長のあの自信はどこからくるものだったのだろう。それだけ当たり前に教師も保護者も就学時健診は皆が受けるものなのだと思っているということなのだろうか。

波乱はありつつも学校と話がついて一安心と思っていたところに、超えるべきハードルはまだ立ちはだかった。今度は役所だ。副校長からの電話の最後に「役所から届く就学通知書を学校に提出してほしい」と言われていたのだが、三月に入っても我が家には就学通知書が届かなかった。不安に思い、役所に電話すると、就学通知書は発送するが、それを持って学校へ行って簡易検査を受けるようにと告げられた。

「それも、受けません。強制ではないですよね」

「そういうお願いはしています。それでも受けないという話は聞いたことがないですね」

まるで、みんなやってるんだからあなたもやるべきでしょうと暗に言われているかのようだった。

「私は今、他の人が受けているかどうかを聞いたんじゃなくて、強制ではないですよね、と聞いたんです。その質問に答えてもらえませんか？」

私が食い下がると、担当者は鼻で笑うように返した。

「それなら、受けたくないということをお申し出いただければいいんじゃないでしょうか」

そして、「確認します」と電話は保留になった。簡易検査も強制ではないという確認が取れ、数日後、我が家に就学通知書が届いた。

不信感を抱くやり取りはあったものの就学時健診にまつわる手続きが終わり、芹が最寄りの公立小学校に在籍させてもらいながらフリースクールに通う準備は、残すところ、学校との面談のみとなった。芹がどういう在籍の仕方をしながらフリースクールに通うのかということを学校側と話し合って決めることになっていたのだ。

四月に入り、約束の日がやってきた。学校に向かうと、校長室に案内され、今度は校長と話をすることになった。相手が変わるたびに頭を抱えるやり取りが繰り広げられてきたことを思い返し警戒している私に、校長はにこやかな表情で言った。

「まず、なぜフリースクールに通うことにしたのか、お聞かせ願えますか？」

バーバパパの絵本のこと、学校公開での顚末を説明し、親子ともにフリースクールに通うことを希望したと返した。

「いやー、賢いお子さんですね。なるほど、よくわかりました」

そして、隣にいた副校長に向かって伝えた。

「この話、職員会議で先生たちに話しましょう。私は芹さんが感じたこと、とても真っ当だと思います。先生たちにとってもこれはとても大切な話ですよ」

校長は、副校長が「そっちはおばけがでるよ」と言い放った、あの学校説明会の際、「我が校の経営方針は……」と話し始め、教育者というよりはビジネスマンのようだと感じた人だった。そんなタイプの先生に出会ったことがなかった私は面食らったが、こういう場面では実務重視と言ったらいいのだろうか、話がスムーズに進んでいった。下駄箱や席は用意せず、クラス名簿にも芹の名前は載せずに、籍だけを学校に置いておくこと。もし芹が小学校に通いたくなったら、その時初めて名簿に追加すること。学校には通わないことが前提なのだから、ＰＴ

A会費や給食費は払わなくて良いこと。学校側にとってもらう対応がサクサクと決まっていき、拍子抜けするほどあっさりと面談は終了した。学校や役所との疲労困憊するやり取りは、こうしてようやく終わったのだった。

フリースクールとの出会い

芹が入会したのは、家から少し距離があるからという理由で、当初は候補に入れていなかったフリースクールだ。見学の日、二歳近くになり、もう窮屈になってきている抱っこ紐で遊を抱き、片手には荷物、もう片手は芹と手を繋ぎ、バスと電車を乗り継いでフリースクールに着く頃には、私はすっかりヘトヘトになっていた。遠い。やっぱり芹が毎日ここに通うのは難しいかもしれない。そう思いながら雑居ビルの中にあるフリースクールに辿り着くと、玄関のドアは既に開いていて、私たちを目にした中学生くらいの子が奥の誰かに声を掛けてくれた。

「誰かお客さん来てるよー」

「今日見学させていただくことになっている上川です」

玄関に出てきたスタッフらしき人に告げると、

「あ、はい、どうぞー」

その人はとてもフランクに中の事務室に案内してくれた。入り口から続く廊下の左右にはいくつかの部屋があり、その中のひとつにはカウンターで緩やかに区切られた事務室と応接セット、その横には畳のスペースがあって、中高生くらいの子どもたちが数人でテレビゲームをしていた。私が案内された時には、応接セットで子どもたちがくつろいでいるところだった。

「ごめんねー、ちょっと今からここ使いたいから、他の場所に行ってもらってもいい？」

「えー、ダメって言ったらどうするの？　僕たちが先客なんですけど」

子どもたちは声を掛けたスタッフに冗談を返し、笑いながら席を立ってくれた。そのちょっとしたやりとりで、スタッフと子どもたちの関係がフラットなんだなと感じ取ることができた。

応接セットでの説明が終わり、中を案内してもらっていると、今度は別の部屋にいた高校生くらいの三人組が近づいてきて、芹と遊に声を掛けてくれた。

「わあ、かわいい。一緒に遊ぶ？」

芹は、はにかみながら私の後ろに隠れた。

「見て見て、ほら、ここにはトランプがあって、けん玉もあるし、折り紙もあるよ」

近くにあった引き出しを開けながらひとりの子が説明してくれると、もうひとりが手招きして芹を呼び寄せてくれた。

かわいいかわいいとちやほやしてもらってご満悦の遊も一緒に、その子たちに遊んでもらうことになった。私はスタッフに引き続き施設内を案内してもらい、応接セットに戻って改めて質問などをした後、さあ今日はもう帰ろうかと芹に声を掛けた。

「帰らない。まだ遊びたい」

芹は一瞬だけ私に目をやってそう言い放ち、再び遊び始めてしまった。

「でも今日は見学だし、また体験っていうのができるから、その時にゆっくり遊ぼう。もうお昼ご飯の時間だし、今日、ママお昼ご飯持ってきてないから」

私が促しても、芹は私の声が聞こえていないかのように遊び続け、それを見ていたスタッフは笑顔で言った。

「あ、大丈夫ですよ。気が済むまで遊んでいってください。お昼ご飯なら、どこかで買ってきてここで食べてもらってもいいですよ。そこにコンビニもありますし、駅まで行けばいろいろお店もあるんで」

気を使って言ってくれているというのではなく、本当に大丈夫ですよというニュアンスだったから、私は戸惑いながらも、その言葉に甘えることにした。

「駅のパン屋さんにお昼ご飯買いに行こうと思うけど、一緒に買いに行かない？」

「芹が好きそうなやつ買ってきて。芹、遊んで待ってるから」

初めて来た場所なのに、芹はすっかり安心しきって遊んでいる。でも、わかる。なんだろう、このフリースクールの、この安心感。アットホーム感。

「ママはあっち行ってって」

さらに昼食後、芹からは別の部屋へ行くよう宣告されてしまった。さすがにまだ二歳弱の遊は目の届くところで見守ろうと近寄るも、

「やや！」

遊まで芹の真似をして私を拒絶してくる。私は仕方なく子どもたちから少し離れて待機することにして、空いているソファに座って携帯をいじったり、本棚にあったマンガを読んだりして過ごした。リラックスしすぎて昼寝までしてしまいそうだった。子どもならまだしも、初めて来た大人がひとりでソファでダラダラ過ごしていても、異物扱いされるでもなく、なんだか当たり前に存在していられる空間。恐ろしいほどの居心地の良さだった。ここがこんなにも懐の深い場になっているのは、スタッフの方たちが誠実に、丁寧に運営してこられたことの証しなのだろう。

「そろそろ帰ろう」

「やだ、まだ遊ぶ」

このやりとりをそれから何度も繰り返し、夕方の四時に「もう帰らないと、夕ご飯が作れない」と、私が半ば強引に帰宅を促し、ようやく帰ることになった。

「長い時間ありがとうございました」

スクール生にもスタッフにも挨拶をしてフリースクールが入居しているビルから出ると、

「あー、楽しかった！　芹、ここに入る！」

満面の笑みで芹が叫んだ。私も心から同意し、このフリースクールに通うことを決めた。それから五日間の体験入会を終え、芹は晴れて正式にフリースクール生になった。

芹が入会したこのフリースクールは、毎日必ず来なければいけないというものでもないし、来る時間も帰る時間も自由だ。それでも芹は、平日は毎日、開所時間から閉所時間までフルに通い続けた。入会した当時は十代半ばから後半のスクール生が多く、コンスタントに毎日来るのは二十～三十人くらい。そのうち小学生は芹を除けば三人しかいなかった。その三人も高学年だ。同世代の子がいないことで遊びに困るのではと最初は心配したが、

「今日はスライムを作った。シェービングフォームを使うとふわふわのスライムが作れるの」

「大きい人たちとモノポリーをやった。芹はなかなか強いって言われたよ」

「みんなで百均に行ってシールを買った」

帰宅すると芹はいつも楽しそうに報告してくれた。

「今日は〇〇ちゃんのセイタンサイをしたの」

時には謎の単語を仕入れてくることもあった。

「芹はお部屋の飾りつけをしてって言われたから、朝から折り紙で輪っかつなぎを作って、勉強部屋に飾って、それで、みんなでお菓子を食べたの」

〇〇ちゃんというのは、芹が慕っている小学六年生のお友達が推しているアイドルで、その人のお誕生日のお祝い、生誕祭をしたということらしい。

フリースクールに入会することを迷っていた頃、大勢の同世代の子どもと過ごさなければ社会性が育たないのではないかという心配が私の頭をよぎったことがあった。でもたとえば、過

疎地の全校生徒数が一桁というような学校出身の子どもが大きな学校出身の子と比べて劣ったところがあるなんて話は聞いたことがない。少人数で繰り広げられる濃密な人間関係の中で過ごすのだと考えると、むしろものすごく社会性が育つのではないかとも思った。いや、それにしても、社会性ってなんだ？ 不登校の子どもについて語られる時によく「学校に行っていないと社会性が育たない」なんて言うけれど、突き詰めて考えてみたら、社会性って一体なんだろう。人とうまくやっていく技術？ だとしたら、学校に行っていたってうまく育っていない人は大勢いる。社会の中でうまく立ち回る技術？ だとしたら、クリーム色の靴下を履いて学校に行った私に「今日はおとなしくしておいた方がいい」と「アドバイス」した中学時代の同級生のように、先回りして自分から管理されにいくことも含まれるのかもしれない。もしそうだとしたら、そんな技術は芹に持ってほしくない。そんな、実態がよくわからない事柄に振り回されるよりも、今、目の前にいる芹が楽しそうに過ごしていることを大切にしたいと思った。

フリースクールをエンジョイしているのは、私も同じだった。たとえば入会後の保護者面談で、おそらく私より少し年上の、実質責任者であるにもかかわらず威圧感のようなものが一切なく、スクール生からも呼び捨てにされていることもあるスタッフに、部落問題について伝えたときのこと。

「学生時代にこれは一体どういう問題なんだろうと思って調べたことがあります。まだわからないこともたくさんあるので、ぜひこれからいろいろ教えてくださいね。私自身もまた改めて勉強していきます」

さらっと、当たり前のようにそう言われた。思いがけない嬉しい言葉に、私は人差し指の腹に力いっぱい親指の爪を突き立てて涙を堪えた。呼び捨てにされていても、子どもたちからの信頼感をそこから読み取れる不思議な人だと思っていたが、それがなぜなのかこの一件で謎が少し解けたような気がした。

同じく私より少し年上で、やっぱりとてもフラットで威圧感がないのだけれど、頼りがいがあり、常に丁寧に言葉を選んで人と向き合っているという印象の別のスタッフとの間にはこんなこともあった。私が、まだ一年生の芹が電車通学することへの心配を口にした時のこと。

「それなら、私が同じ路線を使っているので、電車の時間と乗る車両を決めてそこに芹さんが乗れるようにしてもらえれば、そこからは私が一緒に行きますよ。帰りも一緒に帰ります」

仰々しくもなく、かといって軽々しくというのでもない絶妙な物腰で、やっぱり当たり前のようにそう提案され、本当にそれから二年間、そのスタッフは芹がひとりで電車に乗れる自信がつくまで一緒の電車に乗り続けてくれた。

この提案をされた時、私は思わず「え、そんなことしてもらってもいいの？」と、芹だけが特別扱いしてもらっているような、スタッフに負担をかけているような申し訳なさを感じた。でもこの「特別扱い」という感情はどこから生まれてきたのだろう。私が勝手に「このくらいの対応をしてもらうことが標準的だ」と決めた枠からはみ出した提案だったからではないのだろうか。学校生活の中で、学校側が勝手に決めた枠の中に入るべき、このシステムの中で生きられるようになるべきと強制されているようで嫌だと感じてきた私が、いつしか自分で勝手に枠を決めてその中で生きなければいけないと自分を枠にはめていたことに気づかされた。でも、ここは違う。「標準」というような枠がなく、言わばみんなが「特別扱い」だ。どうしたら過ごしやすいか、生きやすいか、スタッフが一人ひとりに向き合い、その子なりのベターやベストを一緒に探ってくれる。その中で、私自身も自分の中の思い込みや知らないうちに捕らわれていた枠に気づき、自分を作り変えることができる。それは頭や心が自由になっていくような、とても楽しい作業だった。それに、芹が日中過ごす場のスタッフがそんなふうに子どもに向き合ってくれる人たちであるという信頼感を持ち、子育てのパートナーのように感じられているのはとても幸せなことだ。

フリースクールに入って、スタッフやスクール生たちとのやり取りに感激しきりだった私を見て、スタッフたちはときどき釘を刺した。

「そんな、期待しすぎないでくださいね」

マイノリティの世界を外から見て、「美しい」「豊かだ」と消費していく人たちには私も見覚えがあり、自分がそれをしているかもしれないのなら反省しなければいけない。それにしても、このフリースクールの関係者との間で交わしたやり取りは、今思い出しても少し笑ってしまう。

「まだ入ったばかりだから、ここのいいところばかりが目に入って喜んでくれるのはいいけど、フリースクールに通い続けるっていうのはある意味大変なことだよ。おじいちゃんおばあちゃんをはじめ、親戚とか近所の人からいろいろ言われたり、肩身の狭い思いをしたりすることもあるし。学校ともうまくいくとは限らないし。マイノリティとして生きていくっていうのは、大変なことだからね。これからよ」

浮かれていることに対しては申し訳ないし、心配してくれていることの中身も、よくわかる。でも、だからこそ、私は笑顔で答えた。

「大丈夫です！ 私は生まれてからずっとマイノリティ街道を歩んできたので、マイノリティとして生きていくことにすっかり慣れています！ 何か言われても、ちゃんと闘える下地はあります！ 学校とは、もう既にばっちり闘ってきました！」

突拍子もない私の宣言に、「まあ、なんと」とその方はつぶやき、私たちは笑い合った。マイノリティとして生きていくことの大変さを、私は嫌というほど味わってきた。でも、それと同時にマイノリティ性と向き合って生きていく中で味わえる喜びや豊かさも、もう既にたくさん知っているのだ。だから、マイノリティであることも、マイノリティになることも、怖いことではない。改めてそれが証明されたような、フリースクールとの出会いだった。

ママが、その〝ぶらく〟なの？

芹を妊娠して以来、「いつか」と思い続けてきた「その時」は、芹が六歳のある日、突然やってきた。

「部落問題についてもときどき言及してる人で……」

食事の席で私がある作家のトークイベントに出かけようと話しているのを聞いていた芹が、突然表明した。

「芹、ぶらくもんだい、知ってるよ！」

時機が来れば、面と向かってちゃんと部落について話したいと思ってはいながらも、具体的に何からどう話すのかまだ想像もついていなかった私は、動揺を抑えながら芹に尋ねた。

「部落問題、知ってるの？」

「うん、知ってるよ」

「なんのこと？」

「それは知らない。でも、ぶらくもんだいって言葉は知ってる」

BURAKU HERITAGE の活動をはじめ、芹と遊を連れて参加している様々な場所で耳にして覚えていた単語が聴こえてきたから反応してみたということだったようだ。まだこちらの準備ができていないと一瞬たじろいだが、せっかく芹から話を振ってくれたのだから、もう少し話を続けてみることにした。

「さむらい」がいたくらい昔、身分というものがあったこと。それは、その人がいいことをしたからとか悪いことをしたからとかは関係なく、そういうお家《うち》に生まれたらもうその人はその身分だと決まってしまったこと。その中で下とか外とされた身分だった人たちが部落の人たちであること。部落の人たちに対する差別というものが、残念ながら未《いま》だにあること。部落問題を簡潔に説明するのは難しく、言いたいことはたくさんあったが、一年生の芹にもわかるようなことを優先して、かなり簡潔に説明した。

「ママが、その〝ぶらく〟なの？」

　さすが、芹は鋭い。

「そう。ママも、じいじとかばあばも部落の人。部落っていうのは正確に言うとそういう人たちが住んでいる場所のことなんだけど、たとえば北芝はその部落。芹が自分のことを部落の人って思うかどうかは芹がこれから少しずつ考えていけばいいけど、芹はママの子どもだから、芹のことを部落の人って思う人もいると思う」

　芹に伝わるように、でも私の想いの重さを芹が感じ取ってプレッシャーにならないように、大事な話ではあるけれども食事の手は止めず、私は、普段わからないことを聞かれた時に答えるのと同じトーンで話すように心掛けた。前提となっているものから話を始めるとどうしても、差別というネガティブな面から最初に伝えることになってしまうが、それだけではないことを私は知っている。ここからはそんなポジティブな面を伝えるターンだぞと、私がギアを入れ替えたまさにその時。

「ごちそうさまでした！　もうテレビ観ていい？」

芹から突然、試合終了の通達がなされた。これが現実だ。私が伝えたいのはここからだったのにという残念な気持ちもありつつ、まずはこうして部落の話ができたということで十分だったのではないかと思い直した。私のほうから、「今日はあなたに大切な話があるの」と構えて話し始めようとしたらいつになっていたかわからないし、芹の気負いのない発言から自然に部落の話ができて、結果的には良かったのかもしれない。一度に過不足なく説明するのは難しいし、こうして生活の中で少しずつ話していって、芹の成長とともに理解を深めてくれたらいいのだろうなと、これからのことも想像できた。

大切なことはきっと、言葉で完璧な説明をしようとすることよりも、いつか芹が実感をもって部落問題に向き合うことになった時に、ママは部落問題と向き合って人生楽しそうだと思ってもらえるように私が生き方でもって示すことなのだろう。背中を見せるだけではなく、ちゃんとその都度振り返って向き合いながら。それに、私ひとりで完璧に伝えようとしなくても、芹に、ゆくゆくは遊に、部落問題を一緒に伝えてくれる人たちもいる。芹を妊娠したときには誰ひとりとして頼れる人がいないと不安だったのに、今ではもう何人もの顔が浮かんでくる。その心強さに、胸がじんわり温かくなった。

フリースクールに通うようになった芹は、家ではできない様々な経験をしてきた。そのひとつがインターネットだ。フリースクールにあるパソコンは誰でも自由に使えるようになっていて、芹は家では使わせてもらえないパソコンで、好きなアイドルやゲームについて検索するために、ローマ字入力を習得しつつあった。

「ローマ字はどうやって覚えたの？　誰かに教えてもらうの？」

「そうじゃなくて、ひらがなをアルファベットでどう入力したらいいのかが書いてある表が、パソコンの横に置いてあるの。それを見ながら打つんだけど、芹、もうだいたい覚えちゃってるから、見なくても入力できるよ」

そうか、見なくても入力できるくらいに今まで打ち込んできたんだな。そんなふうにインターネットを使いこなし始めたということは……いや、まだ芹は漢字が読めないし、今はまだそんなに心配しなくてもきっと大丈夫なはず。心がざわついた。

インターネット上には、部落への偏見を煽るような情報がたくさんある。そのことへの危機意識から、私は仲間たちと、自分たちの言葉で部落について伝えるサイト「BURAKU HERITAGE」を始めたわけだが、状況は当時よりももっと悪くなっているという実感が私にはあった。不安な気持ちをなんとか落ち着けて、芹がもう少し漢字が読めるようになるまでにはきちんと対策を考えておこう、そう思っていた矢先に、また思いがけないことを芹から告げられた。

「今日ね、芹、自分の名前を検索したの。でも何も出てこなかった」

「そっか、同姓同名の人いないんだね。上川って名字、そんなに多くなさそうだしね」

「そうなんだ。それで、つまんないなって思って、ママの名前でも検索したの。そしたら、なんか変な写真が出てきたよ。芹にはよくわからなかったけど」

「えー？　写真？　なんだろー」

平静を装って返事をしたものの、鼓動は大きく早く打っていた。すぐにでもネットを開いて自分の名前を検索したくなったが、芹の帰宅後は、芹と遊の夕食、お風呂、歯磨き、寝かしつけと絶え間なく育児タスクが連なっている。その合間に時間を作って検索したとして、何かひどく差別的なものだったらと考えると、その後子どもたちと普段通り接することができるか自信がない。もしそうだった時のために、改めて時間を作ってから対峙した方がいいと判断し、子どもたちを寝かせた後、私はひとりでパソコンに向かった。

覚悟を決めて「上川多実」と検索窓に入力し、エンターキーを押す。検索結果のいちばん上に以前、私がツイッターにアップした画像が現れた。なんだ、これか。

「変な写真」の正体が自分から発信したものだったことに安堵した瞬間、その画像の少し下に、よくわからないリストのようなものの存在が目に入った。なんだろう。クリックすると、それは「部落解放同盟関係人物一覧」というリストで、大勢の人の名前や住所、電話番号などの個人情報とともに、私の父の名前、役職、不完全ではあったが実家の住所と、配偶者として母の名前、そして、子として私の名前とツイッターのアカウントが載っていた。誰がなんの目的で作っているものなのだろうと辿《たど》っていくと、このリスト以外にも全国の部落の所在地のリストが掲載されていて、明らかに差別扇動を目的としているサイトだということがわかった。私は慌てて父に電話した。

「ああ、そうなんだよ。なんだ、知らなかった？　ヒヒヒッ」

父が気まずさをごまかそうとする時にする笑いが出たことで、私は事態の深刻さを察知した。

「『アイツラ』が作ってるサイトなんだよ、まったく」

父の言葉に背筋が凍った。

「アイツラ」とは、部落の所在地の情報をネット上にばらまいている人たちのことだ。私がここで彼らの活動名を書くことによって、それを拡散することに手を貸したくないという想いから、ここでは「アイツラ」という呼び名のまま書き進めることにする。

そのアイツラが、ツイッターにはとどまらずにこうしてどこが部落か、誰が部落民かを勝手にリスト化して公開しているのだ。父が言うには、法務省やインターネットプロバイダーなどに削除要請は出しているものの、これといった対策がなされないまま放置されてしまっているのが現状だという。

この翌年の二〇一六年、彼らは自分たちが立ち上げた出版社から全国の部落一覧リストを書籍化して販売しようとした。一九七五年にその存在が発覚し、国が回収、処分した「部落地名総鑑」と同じ性格のものだ。部落解放同盟がその出版禁止や関係人物一覧などをネットから削除する仮処分を裁判所に訴え、認められたために出版には至っていないが、その仮処分を正式に決定するための本訴がその後東京地裁で始まった。本訴は部落解放同盟だけでなく、関係人物一覧に名前が載せられていた人など二百名を超える人が原告になった。だがこの一連の経過を、私はすべてSNSからの情報で知った。私は部落解放同盟員ではないから声がかからなかったのだと思われるが、私もリストに入れられている当事者だというのに、完全に蚊帳の外だった。

裁判の原告になる

「なんなんですかねー、私も関係人物一覧に名前載せられてたんですけど、裁判が始まってたなんて知らなかったし、原告にならないかって声も掛けてもらってないですもんねー。解放同盟さんって、同盟員以外の被害者はほったらかしなんですかねー。へえ、そうですかー」

父から裁判について何も聞かされず、にもかかわらず父がしれっと原告の一員になっていることを知った私は、嫌味たっぷりに父に言った。やっぱり父はヒヒヒと笑いながら答えた。

「いや、同盟員じゃないから声掛けなかったとかじゃなくて。だって、お母さんのことも誘わなくって、お母さんにも怒られたのよ」

当時解放同盟の東京都連合会委員長だった父は、リスクが大きい裁判の原告には、役職に就いていて責任がある自分がなるべきだと考えたようだった。しかし、それにしても相談くらいできただろうに。とはいえ、父にこうして嫌味を言ったことでスッキリした私は、今後は裁判の行方を見守っていくしかないと気持ちを切り替えた。

ところがしばらくして、父から電話がかかってきた。

「この間ほら、お前、私は原告になれないのかって言ってきただろ。今日裁判があって、お母さんが弁護士さんに『私もリストに名前が入れられているんですけど、今からでも原告になれませんか？』って聞いたのよ。そしたら、追加っていう形でなれるって。多実はどうする？」

予想外の展開だった。この件は、父に嫌味を言って終わりだと思っていた。でもここで断るという選択肢が私にあるだろうか。いや、もちろんあるのだが、その選択肢は私的にはアリだろうか。自分が部落の出身だということを卑下しているわけではないが、差別される不安や恐れから堂々と部落出身者だと名乗れないという人たちの声は今まで何度も聞いてきた。既に名前も顔も明かして活動している私は、そういう人に比べれば原告になるハードルは低い。原告がひとりでも増えることで、そのぶん賠償金の額が上がれば今後の同様の行為への抑止効果は上がるだろう。何より、こんな行為が許されていいはずがない。

「わかった。参加する」

この判断が、私の人生を大きく変えてしまうかもしれないという漠然とした不安はあったが、やるべきだという気持ちのほうが大きかった。

それから数日後のことだった。遊を連れてショッピングセンターで買い物をしていると、父から着信があった。乳児用の、キャラクターと運転席がついている遊お気に入りのカートを押しながら電話に出ると、父はいつになく神妙なトーンで話し始めた。

「あのさ、裁判の話なんだけど。裁判の最初から原告になってる人たちの住所とか電話番号の情報が、関係人物一覧に載せられちゃってるんだよ。うちの家の住所も、完全なやつが載ってる。裁判の時に出す原告の資料をもとに更新されたんじゃないかって思うんだけど。多実も、今の家の住所が載せられたら危ないし、原告になるの、やめたほうがいいと思う」

ヒヒヒというごまかし笑いさえ出ないシリアスな父の物言いに私はたじろぎ、一旦冷静に考えるためにカートを通路の端に停めて立ち止まった。カートのハンドルを握ってご機嫌で運転していたのに急に止まったことで、遊が不満そうに私を振り返る。

「じいじともしもししてるの。ちょっと待ってね」

私は遊に笑いかけながら、もし私が原告になることでこの子たちに何かあったらたまらないという気持ちが込み上げてきた。挑発行為に屈するようで悔しいが、子どもたちを守るためだと自分に言い聞かせ、原告になるのをやめることにした。仕方がない。仕方がないのはわかっているけれど、悔しい。これじゃアイツラの思うつぼじゃないか。悔しさが頭から離れなかった。

翌日、再び父から電話が掛かってきた。

「あのさ、ヒヒヒ」

嫌な予感しかない。

「弁護士さんに確認したら、もう多実が原告になるっていう届け、裁判所に出しちゃってるんだって。今から原告になるのやめたとしても、多実の情報はもう向こうに渡っちゃうってことなんだけど、どうする？」

私の住所がネット上で公開されてしまうのもおそらく時間の問題なんだなという恐れと、でもそれならば原告から降りる必要がないんだという妙な清々《すがすが》しさを感じながら私は腹を括《くく》った。

「はあ？　じゃあ原告にならない理由もないじゃん。やるよ」

子どもたちのことは精一杯守らなければいけない。対策をきちんと考えなければいけない。身が引き締まった。

それからしばらくして、案の定、我が家の住所がネット上で公開された。遊はまだ小さすぎて何が起きているのかはわからないだろう。だが、心配なのは芹のことだった。このことが私たちの生活にどんなふうに影響してくるのか、私にもまだ予想がつかず、心配は尽きない。私はその日以後、芹をひとりで留守番させたり、外出させたりするのはやめることにした。つい先日、初めてのお使いを成し遂げたばかりだったのに……。しかし、そのためには芹に理由を伝えなければいけない。この間初めて部落の話をしたところなのに、この状況を受け止めきれるだろうか。かといってごまかして伝えるのが得策とも思えない。夕食を終えてくつろいでいる芹に、私は張り裂けそうな気持ちを抱えながら、話があると伝えて、正面から向き合った。

「この間、部落の話、したでしょ？　部落の人のことを、差別っていって、意地悪したり仲間外れにしたりする人たちがいるのね。そういう人に、この家の住所がインターネットに出されちゃったの。そんなことたぶんないとは思うけど、一応何が起こるかわからなくて気を付けないといけないからさ、ひとりでお留守番したり、お外に行ったりは、しばらくやめることにしよう。ピンポン鳴って、ママが出れなくても、芹は代わりに出ないで」

「うん、わかった！」

すぐに元気な返事が返ってきた。まだ事の深刻さは理解できないのかもしれない。

「そういうことをする人たち相手にね、裁判っていって、そういうのはいけないことですって決めてもらうのをやってる人たちがいて、ママも一緒にやることにしたの。じいじも、ばあばも。だけどその裁判のせいでこうなっちゃって、この先も何があるのかママもまだよくわからないんだけど、インターネットでも、ママのこと悪く書いたりするのが出てくるかもしれない。でも、もしそういうの見ても信じないでほしいの」

すると芹はママったら何言ってるの？というような表情で私を見て、軽やかに言い放った。

「大丈夫だいじょうぶ。だって芹、ママのこと好きだし、ママが悪い人だって思ってないもん。一緒にいたらそれはわかるから、そんなの信じるわけないじゃん」

そして、芹はこの話はもう終わりとばかりにソファに飛び込んだ。よく知らない人が差別的な動機で勝手に書く私のことよりも、芹は目の前にいる私を真っ直ぐに見つめ、その私との関係の中で感じ取っていることを大切にしてくれているのだ。なんて真っ当で、なんて素敵な人なんだろう。深刻な差別の話をしているはずだったのに、ただただ芹が素敵な人だということを実感した夜になった。

メディアで〈部落〉を語る

裁判の原告になるとか、住所をネット上で晒《さら》されるとか、思いがけないことが続けざまに起きていても、遊とリカちゃんハウスでお人形遊びをするために児童館に通いつめたり、スーパーのお菓子売り場で十分以上お菓子の吟味に付き合わされたり、脱衣所にシャワーで水をまかれて絶望したり、私の日々の生活は何事もなかったかのように続いた。そうして遊は三歳になり、見学と本人の意思確認を経て、芹と同じ幼稚園に入園することになった。

「おめでとう！　待ってたよ！」

入園式の日に会う先生会う先生からそう声を掛けてもらい、遊は照れながら喜ぶも、ガッチガチに緊張していた。自由奔放に見えて、こういう時にはしっかりと空気を読むのだなと、私は遊の新たな一面を知った。

一方私は、勝手知ったる大好きな幼稚園に帰ってきたような気持ちだった。

「また入ってきたのか。遠くからわざわざ通ってこなくてもいいのに」

芹の在園中からときどき投げかけられていた園長からのそんな冗談にも、

「もう、また入園してきて嬉しいくせに！」

私も負けじと言い返して笑い合い、再びこの幼稚園での生活が始まるんだとワクワクした。遊の担任は芹が三年間お世話になった先生とは違うベテランの先生だった。

「芹ちゃんが在園中に上川さんにいただいたハンドブック、今も教職員でちゃんと読んでますよ。私もまだまだわかっていないことがたくさんあると思うので、気づいたことがあればなんでもおっしゃってくださいね」

その先生は、五年前に芹の担任に渡した「教職員のためのセクシュアルマイノリティサポートブック」の内容を意識していることをわざわざ伝えてくれた。何もないところに一歩踏み出すことには勇気がいるが、その一歩が受け止めてくれた人の歩みとも重なって、気づけば道になっていたような、そんな喜びを私はしみじみと噛みしめた。

子どもたちの夏休みには、和歌山の祖母の家にしばらく滞在するのが恒例になっていた。私が子どもの頃、長期休みになると子どもだけで送り込まれていた母の実家だ。祖父は十年ほど前に他界してしまったが、風呂の脱衣所には、祖父が愛用していたジーパンがハンガーに吊られたままになっている。祖父母が経営していた工場は、もうない。

部落問題は社会構造的に貧困と密接に関わる問題ではあるが、祖父は人生の後半で皮なめしの事業に成功し、それなりの財を築いた。そしてそのお金を、いかに生まれ育った部落に還元するかということを考え実践していた人だった。お金を持っている人と、持っていなくて困っている人がいるのなら、持っている人が払えばいい。自分が成功できたのはこの部落で皮革産業に従事できたおかげなのだから、再分配するのは当たり前だ。そういう考えの人だった。ワンマンで強引で、好きかと問われたら迷う存在ではあるが、私は祖父のそういうところは素直に尊敬している。

祖父亡き後に誕生した芹と遊を連れて初めて和歌山のこの部落を訪れた時、芹と遊は祖母の家から公園へ向かう道の途中にある工場の横を歩きながら鼻をつまんで言った。

「うんこみたいなにおいがする」

私も子どもの頃はそう感じて、こそっと息を止めていたなと懐かしく思い出した。

「うんこのにおいじゃなくて、牛の皮を靴とかカバンに使うような革にするためのにおいだよ。大きいじいじもその工場をやってたの。ママはこのにおい大好き。ジップロックに入れて持って帰っていつでも嗅ぎたいくらい」

私はそう言いながら、これでもかというくらい胸一杯に息を吸い込んだ。私は自他ともに認めるにおいフェチで、特に子どもの頭のにおいや、靴下のにおいなど、一般的には「くさい」とされるにおいがたまらなく好きだ。よくよく考えると、その原点はここにあるような気がする。においと愛着のようなものがセットになっているのだ。この子たちはこれから先、このにおいを愛しく思う日が来るだろうか。私のように長期休みのたびに数週間滞在しているわけではないし、部落というアイデンティティをどの程度持つかもわからない。いつまでも「くさい」ままだろうか。子どもたちと動物園ごっこをしながらも、風向きによって公園に時折流れてくる工場のにおいを感じるたびに、私は大きく息を吸い込み、そんなことを考えた。

夏休みが明けて数日経ったある日、幼稚園の門の前で私は困り果てていた。幼稚園の開門と同時に遊を預け、すぐに電車に飛び乗って仕事の打ち合わせに向かう予定だったのだが、遊が突然、ぐずりだしたのだ。

「今日はちょっと、お休みしたい気分かも」

「ママ、今日はこれからお仕事で電車に乗ってお出かけしないといけないから、幼稚園、行ってほしいんだけど」

「それは、遊も行っちゃだめなやつ？」

説得を試みるも、一緒に連れて行ってほしいと訴えられた。このまま遊を抱きかかえて幼稚園に入ることも頭をよぎったが、相手が子どもだからといって同意なしに無理矢理ということはしたくない。このまま話し合って遊の合意のもと幼稚園に行ってもらうのがベストなのだが、打ち合わせの時間が迫っていて、すぐにでも幼稚園を出発しなければいけない。

「たくさん電車に乗るし、お話し合いだから来てもつまらないよ。遊の相手もできないよ。それでもいい？　やっぱり幼稚園行けば良かったって言わないって約束できる？」

満面の笑みで頷く遊。私は慌てて幼稚園に入って行く同じクラスのママ友を呼び止めて、遊の欠席を担任の先生に伝えてほしいとお願いし、頭の中では仮面ライダーの映画がスマホにダウンロードしてあったはず、イヤホンもカバンの中に入ってる、これを静かに観ていてもらえれば打ち合わせはしのげるかもしれないと考えながら、遊の手を引いて急ぎ足で駅に向かった。

「すいません、急遽子どもを連れてくることになってしまって」

「全然大丈夫ですよ。今椅子をひとつ追加で持ってきますね」

突然のこと過ぎて、先方に連絡ができないまま遊を同行させたことを恐縮する私に、嫌な顔ひとつせず、それどころか遊にジュースまで用意してくれた打ち合わせ相手は、インターネット放送局ＡＢＥＭＡ ＴＶ内で放送されている「Ｗの悲喜劇」という番組の制作スタッフの皆さんだった。「Ｗの悲喜劇」は、タレントのＳＨＥＬＬＹ（シェリー）さんが司会を務め、毎回ひとつのテーマを取り上げて、その経験者である女性たちとトークを繰り広げる番組だ。

BURAKU HERITAGE のホームページ経由で出演依頼があった時には、企画書にある「日本一過激なオンナのニュース番組」という、煽り気味のサブタイトルを目にして、あまり良い印象は持てなかった。しかし、過去の放送のアーカイブを観てみたところ、在日コリアン、発達障害など、マイノリティがテーマになっている回もあり、その中から在日コリアンの回を視聴してその印象は大きく変わった。いじめ、朝鮮学校無償化除外など差別の話をしながらも、語っているマイノリティ当事者の人たちのナチュラルさがとてもリアルで、自分の隣にもいるのかもと思わせる力を感じたのだ。放送時間も一時間と長く、たくさん話をした中で製作者によってごく一部だけが切り取られるのではなく、じっくりとそれぞれの出演者の語りが聞けることも魅力的だった。企画書で抱いた印象とはまったく違い、話を盛り上げるための煽りや失礼な質問もなく、出演者の語りを番組側が真摯に「受け止める」姿勢が貫かれていると感じ、これなら出演しても大丈夫かもしれないと思った。私は、一度顔を合わせて話をしてみてから、その感覚が正しかったかどうか、出演をするのかどうか考えてみることにした。BURAKU HERITAGEのメンバーの緑ちゃんは、もともとこの番組を観ていて、好印象を持っていたとのことで、ふたりで制作陣の皆さんに会って話を聞いてみることになったのだ。

表参道にある制作会社の会議室が打ち合わせの会場だった。制作側からは四〜五人が参加していたが、プロデューサーの鎮目《しずめ》博道《ひろみち》さん以外は、もうひとりのプロデューサー、津田環《たまき》さんをはじめ、放送作家も女性の方で、女性向けと言いながらも権限を持っているのは男性ばかりというチーム編成ではないことに、私はまず安心した。

鎮目さんはかつて、テレビ朝日のニュース番組などを担当していて、部落問題についてはもちろん知ってはいるものの、放送するのは難しいテーマだと思い込み、取り扱うことをしてこなかったと素直に告白してくれた。この番組ではタブーを作らずに地上波では難しいとされているようなテーマにも挑戦したく、部落問題をテーマに取り上げたいということだった。私は以前、部落問題をテレビで取り上げたいという、民放のあるテレビ局のディレクターと会ったものの、その人からはタブーとされている部落問題を取り上げることで自分の手柄にしたいという意識を言葉の端々から感じ、お断りしたという経験がある。でも今回は、事前に番組を観ていたこともあったからか、そういう思惑は一切感じず、私自身もせっかくの機会だし、出演してもいいかもしれないと思えた。

遊がジュースを開けるプシュッという音や、仮面ライダーを観ながら笑ったり驚いたりする声が時折響く中で打ち合わせは順調に進み、私と緑ちゃんは出演を決めた。

「出演するの、私たち二人だけよりもさすがにあと一人はいた方がいいよね」

他にも出演してくれそうな人がいるかどうか、誰に声を掛けるか、制作会社を出たところで緑ちゃんと少し立ち話をしながら何人か候補を挙げ、それぞれが打診することにした。せっかく番組になるのならもっといろんな立場の部落出身者に出てもらった方がいい。でも、テレビに名前も顔を出して出演するということは、リスクが大きい。私が声をかけることでその人の人生が変わってしまうかもしれないという恐れも感じつつ、何人かに打診したところ、大阪の部落で働いている藤本真帆《まほ》ちゃんが出演を快諾してくれた。緑ちゃんが声をかけた北芝の埋橋《うずはし》美帆《みほ》ちゃんも出演可能とのことで、四人で出演することになった。真帆ちゃんは私からの連絡に、ふたつ返事で「出ます！」と言ってくれた。だが、番組に出演することで差別の被害に巻き込むかもしれないと、実家を出て、恋人や友人に「私との縁を切ってもいい」と話すほどの覚悟を決めていたと聞いたのは、放送から二年後のことだった。

両論併記をしないということ

「Wの悲喜劇」の撮影は、渋谷にあるダイニングバーで行われた。フロアがいくつもある大きな店で、そのうちのひとつが撮影用のスタジオ、それ以外にもスタッフの方たちが収録を見守るフロアや出演者の待機フロアなどに分かれていた。スタッフの皆さんが慌ただしく収録の準備をする中、私たち出演者はプロにヘアメイクをしてもらい、その様子を撮影し合ったり、美帆ちゃんが連れてきていた子どもと遊んだりして待機時間を過ごした。一応台本はあったが、どういう内容で進行していくかという予定が書いてあるだけで、私たち出演者が何をどう話すかは完全にフリーになっていた。

「収録を始めるのでスタジオの方に移動してください」

プロデューサーの津田さんに誘導され、ひときわ明るいフロアに向かうと、スタジオの真ん中に小さなテーブルとそれを囲むようにベンチが置いてあった。思ったよりもこぢんまりとしていて、出演者同士はまるで居酒屋でおしゃべりするような距離感だが、その周りはぐるっとカメラと照明が取り囲んでいる。なんとも不思議な空間だった。

「私、本当に知識がないので、もし失礼にあたることとか聞いちゃったらそれはもう本当にごめんなさい。言ってください、その時は」

司会を務めるＳＨＥＬＬＹさんのそんな言葉で、私たちのおしゃべりはスタートした。言葉が足りないがために真意が伝わらなかったり、誤解を生んだりすることは避けたい。いつも通りな雰囲気ではありつつも、緊張感をもって喋るようにしていた。

「そもそも、部落ってなんですか？」

「みなさんはどんな環境で育ったんですか？」

「実際に差別を感じたりとかは？」

深刻になりすぎず、でも無邪気すぎるわけでもないトーンで、ＳＨＥＬＬＹさんは一般的に疑問に思われていそうなことについて私たちに話を振り続けた。

あまり知識がないんです、あまりよく知らないんです、と最初に言えば、どんな失礼な質問をしてもいいと勘違いをした人からの無邪気さはとても厄介だ。

「部落ってなんですか？」「差別なんてまだあるんですか？」「引っ越したらいいんじゃないですか？」「なんでわざわざ自分が部落だって言うんですか？」。

少し考えれば、少し調べればわかるような質問を、わざわざマイノリティ当事者である私にぶつけるということは、こちらがどう感じるのかなんて微塵《みじん》も考えていないからこそできることなのではないだろうか。マイノリティ当事者に直接思ったことをなんでも聞くというやり方には、私の経験や気持ちがただ消費されていくような、そんな腹立たしさがある。でもSHELLYさんが投げ掛けてくる一見無邪気に見える質問は、まったく嫌な気持ちにならなかった。部落問題についてよく知らない視聴者が抱えるであろう疑問を代弁しながらも、私たち質問の受け手にダメージを与えないような言葉選びをしていることがわかったし、受け答えからは差別に明確にノーを突き付ける姿勢と、私たちの話を真摯に受け止めて理解しようという信念のようなものを感じたからだ。そしてそれ以上に、この話を噛み砕いてきちんと視聴者に伝わるように届けようという強い意思が窺えた。またその姿勢は、差別する側とされる側がいたとして、その真ん中に立ってフラットに伝えようというような欺瞞《ぎまん》ではなく、明確に差別される側に立ち、そこから発信しようとしているように感じられた。

トーク中、ネット上での差別のひどさについて、アイツラを批判するとその人の特設ページが作られて嫌がらせをされるという話になった時のことだった。こんなことを言ってしまうとSHELLYさんは今後自分に降りかかるかもしれない事態を想像して怖くなったりしないだろうか、ここで司会をしていることを後悔しないだろうかと私は心配になった。しかしその瞬間、SHELLYさんは立ち上がって思い切りカメラ目線で、自分を親指で指差しながら言った。

「私SHELLY！　私SHELLY！」

逃げも隠れもしない。やるならやればいい。そんなことには怯《ひる》まない。そのパフォーマンスは、そう宣言しているかのようで、私は痺れた。残念ながらこのシーンはカットになってしまったが、テレビというメディアの中で、世間で名の知れたタレントさんが、自分がこれから受けるかもしれない攻撃に怯まず、こうして反差別を明確に打ち出して私たちと一緒に立ってくれている、それはとてもとても、心強いことだった。そしてその姿勢は、プロデューサーの津田さんや鎮目さんにも共通していた。差別において、両論併記をすることは差別への加担であることを認識し、加担しない方法を選ぶメディアの人たちとともに番組に関わることができたのは、私にとって大きな喜びだった。

この日収録した番組は「〝部落〟ってナニ？」というタイトルで二〇一八年十一月に放送されることになった。放送に先立って津田さんがＳＮＳに投稿した告知には、視聴が楽しみだという好意的なコメントと同時に、差別的なコメントも並んだ。

「関西でやったら殺される」

「あそこには近づいたらいけない」

改めて、一部の人からは部落がこんなふうに見られているのかと突きつけられた気がしてうんざりした。しかし、津田さんが一つひとつに丁寧に反論し、諫《いさ》めてくれていたことで、受けるダメージは大きなものにはなり得なかった。差別を目の当たりにすれば傷つくが、自分以外の人がそれは差別だと指摘し、抗議してくれたことでダメージを最小限に抑えることができたのだ。

私自身はというと夜十時からの番組の初回放送を前にソファに腰かけながら、スマホを握りしめて逡巡していた。様々なリスクがある中で出演することを決めたけれど、これが放送されたとしてもきっと明日からの私の生活圏の人間関係に何か変化が起きるわけではない。そもそも身近なところでこういうテーマに関心を持って番組を観てくれる人がいるとは思えなかったからだ。この番組がつくられたことに大きな意味があるし、関心がある人が見てくれることがまずは大切なことなのだ。自分にそう言い聞かせながらも、自分の身近にこの番組を観てくれるであろう人が思い当たらないということが、もどかしいような、もったいないような、虚《むな》しいような気持ちになる。子どもの頃、部落問題が当たり前に存在する家の中と、そんなものあたかもないとでも言われているかのような家の外の世界との切り替えに葛藤し、そんな状況を変えたいと思ってもがいてきたのに、結局大人になっても大して変わらないじゃないか。しかし、身近な人に部落について伝えるのは、知らない人に話すよりもずっと難しい。身近な人からのリアクションは知らない人のそれよりもずっと自分にとっての影響が大きいからだ。そんなふうにあれこれ葛藤した末、私は思い切ってLINEの画面を開いた。

「お知らせさせてください。インターネットTV局ABEMA TVの『Wの悲喜劇』という番組に出演させてもらったのが今日初回オンエアされます。スマホからだとABEMA TVのアプリをインストールしてないと観られなかったりするんだけど、放送後はアーカイブをいつでも観れる（はず）なので、もしよかったら観てみてください」

送信先は、遊の幼稚園で同じクラスの保護者たちとつくっていたＬＩＮＥグループだ。幼稚園の連絡事項のリマインドや、写真の共有、個人的なお知らせなどを好きに送っていいことになっていた。部落問題は教科書や本の中の出来事ではなく、今、ここの問題なんだというリアリティを、毎日顔を合わせる人たちに少しでも知っていてもらいたい、感じてもらいたい。本当に観てもらえるかどうかはわからないし、観てくれたとしてもどういう感想を持つのかも想像がつかない。でも、悪いほうに考えて何もしないより、せっかく滅多にない機会が目の前にあるのだから、やってみるべきだ。私はそう決意し、番組視聴リンクとともに案内を載せて、送信ボタンを押した。すると次々に、びっくりした様子を示すようなスタンプが送られてきた。

「運動体」から離れて

夜十時になり、「Wの悲喜劇」の放送が始まった。自分が喋っている映像を観るのは恥ずかしすぎて、苦痛だ。油断するとすぐに、あの時こう言えば良かった、ああ切り返せば良かったというひとり反省会も始まってしまう。それでも、どんなふうに編集されて放送したのかきちんと観ておかなければと、この日私はリアルタイムで視聴することにした。

なるほど、あの話はここでカットされたのか、この話はカットにならなくて良かった。頭をフル回転させながら、ワハハワハハと笑いを交えつつ部落問題について話す自分たちが映るテレビモニターを、私は一時間ずっと真顔で凝視しながら視聴し続けた。あまりに集中しすぎて、コマーシャルが入るたびに「はあっ」とため息をつき、意識して身体の力を抜いてストレッチが必要なほどで、終わった頃には安堵と疲労でぐったりしていた。いつもなら子どもたちと一緒に既に寝ている時間だが、この日は頭が興奮状態で寝室へ行っても眠れる気がせず、しばらく頭を空っぽにして、ダラダラしながら眠くなるのを待つことにした。

そして、放送終了から数時間が経った頃。もうすっかり深夜という時間に、LINEの通知音が鳴った。番組出演の知らせを見て、実際に視聴してくれたママ友からだった。そこには、学生時代に部落問題を知って関心を持ち、勉強したことがあること、あまりリアリティを感じられずにいたけど、今回のことで身近な問題なんだと感じることができたと綴られていた。この反応がもらえただけでも、番組に出演して良かった、ママ友たちにも告知して良かった、私はそう思った。放送後、初めて直接そのママ友と会ったのは、幼稚園帰りの公園だった。私を見つけるとすぐに駆け寄ってきてくれて、自分の中で感じることがいろいろあった、勇気がいることだったと思うが知らせてくれてよかったと、感謝を伝えてくれた。

幼稚園が終わるといつも、多くの子どもと保護者が公園へ移動する。子どもたちを見守りながら、今日の夕ご飯はなんにしようかとか、幼稚園でこんなことがあったらしいとか、子どものこんな態度に困ってるとか、私たちはおしゃべりをしながら遊び終わるのを待つ。そういう日常の話題と同じように、その日私は公園で、いつも通りのトーンで、部落の話をした。私にとってはどちらも日常の話だから、本当はいつだってこんなふうに話したい。でも、それはまだまだ難しいこともわかっているからこそ、ママ友がこうして公園で話してくれたこの日の数分間は、私の人生にとってとても貴重で、ちょっとの時間、理想の世界に行けたような、心が軽くなるひとときだった。その他にも「観たよ」と声を掛けてくれた人たちや、部落問題についてもっと話がしたいと家に招いてくれた人もいた。

部落問題について身近な人に話す行為は、ロシアンルーレットをするようなものだと私は思っている。その人が部落問題についてどう思っているかなんて見た目ではわからないから、引き金を引くその瞬間まで、相手がどんな反応をするかわからない。それでも、私は知ってほしいという気持ちから、銃を頭に突きつけるような気持ちで賭けに出るのだ。下手するとひどい反応が返ってくることもある。何度引き金を引いても弾が出てこないから、これはそもそも弾が入ってないのかもしれないと油断していると、突然弾が飛び出してくることもある。

放送後、しばらくしてからのことだった。いつもの公園でブランコに乗った遊の背中を押していると、隣で同じように子どものブランコを押しているママ友が言った。

「ＡＢＥＭＡ観たよ、面白かった。多実ちゃん、いつもと全然変わんない感じで喋っててすごいね。でもさ、部落の人たちを差別するわけじゃないけど、部落の中って団地あって、団地に住んでる人たちってヤバイ人たち多いじゃん。それで、ヤバイ人たち同士でくっついて子ども生むからまたヤバイ子どもが生まれちゃうっていうさ。だから付き合いたくないなって周りから避けられちゃうっていうのは、難しい問題だよね」

ＬＩＮＥを送る段階で覚悟はしていたが、部落を外から眼差している偏見の目に触れてしまった。部落の中には、同和対策事業の住環境整備の一環として団地が建てられたところが一定数ある。おそらくそこのことを言っているのだろう。「部落を差別するわけではなく、あそこに住んでいる人たちは事実ガラが悪いから付き合いたくない」と、部落を忌避《きひ》することを正当化する言説には、私もこれまで幾度も出会ってきた。私は、番組の中でのＳＨＥＬＬＹさんとのやりとりを思い出していた。

「部落の人って言っても、私たち別に何も変わらないですよね」

SHELLYさんのこの発言を受けて、美帆ちゃんは返した。

「でも、違ったとしても差別していいっていうことではないと思うんです」

さらに、緑ちゃんが続けた。

「私からするとコミュニケーションが濃密だと感じることを、別の人は怖いと感じていたことがありました」

私も子どもの頃、祖母がお好み焼き屋で勝手に厨房《ちゅうぼう》に入って皿洗いをしたり、お客さんから注文を取ったりするのを見て、なんて厚かましいんだと思っていた。でも、成長するとともに、これがここのコミュニケーションの形なのだと理解するようになった。

ママ友の価値観からすると、ぐりんぐりんのパーマをかけて、くわえタバコで自転車に跨《また》がりパチンコに通う祖母は、ヤバイ人に映るのだろう。でも私にとっては、小さい子どもが大好きで、孫やひ孫に対しては本当に吸い込んでしまうのではないかと心配になるくらいほっぺに吸い付き、街頭で募金をしていれば一万円札を小さく折りたたんで「がんばりや」と涙を浮かべながら募金箱にねじ込み、死後十年以上経っても祖父が愛用していたジーパンを脱衣所から片付けられない愛情深い人だ。祖母がくわえタバコで自転車を乗り回す姿は、私にとって、愛しい光景だ。同じ現象、同じ人を見ていても、その人が持っている先入観や、何を「ヤバイ」

「怖い」と感じるのかという価値観などによって、ものの見え方は変わる。私は大人になる過程で、人には様々な背景や経験があって、自分の物差しだけで判断するのは浅はかなことだと学んだ。でもそんな機会がそのママ友にはおそらくなかったということなのだろう。だから自分には理解できない行動をとる人たちを「ヤバイ人」と表現しているのだ。ただ、差別ってどうしたらなくなっていくんだろうと考えてくれているようなニュアンスで話していたから、おそらくそこに悪意はない。でも、悪意がないからといって人を蔑《さげす》んでいいというものではない。私の経験では、差別というのはそうやって悪意なく繰り出されることがほとんどだ。差別を目の当たりにした時、状況によってはきちんと怒らないと伝わらないこともある。だが、このママ友との関係性を考えると、まずはやんわりと異議を申し立てる方が効果的だと私は判断した。相変わらずブランコを押しながらそれまでのテンションを崩さずに私は言った。

「えー、でも、ＡＢＥＭＡに出てたみんな、たしか団地育ちだよ」

「あっ、そうなんだ」

互いに笑顔を保ちながらも、私たちの間には微妙な空気が流れ、少しの間無言でブランコを押す時間が続いた後、話題は変わった。

放送から少し経って、放送内容をまとめたネット記事がアップされ、ヤフーニュースに転載された。ある日、そのスクリーンショットがＬＩＮＥで送られてきた。例のママ友からだった。あのやりとりを通して何か感じてくれたのだろうか。その後きちんと部落問題に関してこのママ友と話をするような機会は作れなかったから、本心はわからない。でも、そうだったらいいなと思う。

「Wの悲喜劇」は、初回放送後、一年間いつでも無料で視聴することができるコンテンツだった。人権研修や大学の授業などでも活用されたらしく、多くの人に観てもらっていることが耳に入ってきた。プロデューサーの鎮目さんからは、様々なところから講演依頼が殺到し、行く先々で「よくぞ番組をつくってくれた」と喜ばれていると嬉しい報告があった。

部落問題をどう伝えたらいいのかを模索し、私が映像の世界に飛び込んでから、二十年以上が経っていた。私は当時、部落を扱った既存の啓発ドキュメンタリー作品に、主張ありきで登場人物がコマとして扱われているようだと違和感を持ち、ありふれた日常の中でふと部落差別を感じることの重さを表現したいと思っていた。でも映画を通して実現させることはうまくできず、その原因がわからずに混乱し、映像の世界から離れた。そこから自分にとってこれだと思える方法をさらに探して、やっと出会えた自分の居場所であるBURAKU HERITAGEの活動を通して、私は「つくる側」ではなく「出る側」として映像づくりに参加した。好きな時に観ることができるネット配信というメディアだったことで、多くの人に観てもらうこともできた。しかもその内容は、差別の悲惨さを強調するわけでも、運動の意義を強調するわけでもなく、登場人物がコマになっているわけでもない。「いつも通り」の私たち、ありふれた日常を過ごすのと変わらずに笑いながら、時には困ったり怒ったりしながらおしゃべりをする、自分がリアルだと感じられるやり方だった。二十年越しに自分の目標が達成できたようで感慨深かった。部落解放運動から離れる時、諭すように何度か声をかけられた。「大きな組織だからこそできることがある。運動体から離れて個人としてやれることなんてたかが知れている。運動に残るべきだ」

それでも私は普段生活している中で身近な人たちに部落問題を伝えていくことの方が充実した「運動」だと感じ、組織から離れた。運動体の中で自分の気持ちを押し殺すのではなく、個を殺さずともやれることからやっていくことが、私にとって大切だったからだ。模索を続け、映画に出会い、BURAKU HERITAGEを立ち上げ、「Wの悲喜劇」に出演することになった。違和感に向き合い、個人としての気持ちを軽視しなかったことが、回りまわって結果的には多くの人に私なりのやり方で部落問題を伝えることにつながったのだ。

部落解放運動に対して、私には愛憎ともいうべき複雑な感情がある。運動の意義をまったく無視した批判には成果を無視するなよと腹が立つし、かと言って運動の負の側面に触れずにベタ褒めされているのを見ると、それはそれで美化するなと腹が立つ。運動体の中で、そこでしかできないやり方で社会を変えようとしている人たちを否定する気はさらさらない。ただ、解放運動とは別にもっといろんな形の運動があっていいはずだし、何かひとつだけの大きな勢力があるよりも、小さくとも様々なやり方で社会を変えるという取り組みが存在していいはずだ。「ガマンして組織に留まることだけが方法じゃないって、わかってもらえたかな」

あの時私に「期待してたけどこの子はダメだった」という眼差しを向けた人たちのことを、私は思い返した。自分の気持ちに正直に歩んできたこの二十年間がこういう形で実を結んだのだと思うと、今まで悩んだり苦しんだりしたこともすべてが報われたような充足感があった。

家の中の価値観と世間の価値観

「明日は寒くなるらしいから、長袖のシャツにしてね」

お風呂に入る準備をしている遊に声を掛けると、クローゼットの引き出しに入っていた長袖のシャツを一旦出したもののすぐしまい込み、私に報告してきた。

「長袖のシャツ、ない」

しまい込んでいたのはお気に入りのはずのプリキュアのシャツだった。

「もしかして、プリキュアのシャツ嫌なの？」

「うん。でもプリキュアのシャツは好きだから、捨てないで」

「嫌だけど好きってどういうことよ」

「サナちゃんたちに笑われるかもしれないから」

ああ、そういうことか。数カ月前にサナちゃんたちとお出かけしたときの遊とのやり取りが蘇る。サナちゃんは遊がよく一緒に遊んでいる幼稚園のクラスメイトだ。幼稚園が午前保育だったある日、遊と私は降園後に少し遠くの公園へ行って一緒にお昼ご飯を食べようとサナちゃん親子に誘ってもらい、遊が愛用していたマイメロディのピンク色のリュックにお弁当を詰めて持って行った。

「遊、マイメロなんかも持ってる！　女の子みたい！」

集合するや否やサナちゃん以外に一緒に行く予定だった他のお友だちも含め、数人に笑われてしまったのだ。遊はその時苦笑いしただけで、その場では何も言わなかった。だが、帰りのバスの中、小さい声で、独り言のようにつぶやいた。

「さっき笑われたの、悲しかった。でも、このリュックは好き」

お人形のメルちゃんをリュックに頭から突っ込んで足がはみ出た状態で電車に乗ったり、トイレットペーパーの芯を詰め込んで旅行に行ったり、遊が出かける時にはいつも相棒のように一緒だったリュックを笑われてしまい、遊が傷ついていることも、混乱していることも、葛藤していることも伝わってきて、私は胸が締め付けられた。

「遊が大切にしてるリュックだから、笑われたのは悲しかったよね。でも、遊が悪いわけじゃないからね。人が持ってるものを笑うほうが悪いの。そのことは忘れないでね」

窓の外をぼんやり眺めている遊の視線の先を見ながら私がそう声を掛けると、遊はそっと頷いた。それでもその後、遊がマイメロディのリュックを持って幼稚園に行くことはなくなり、家族で出掛ける時にだけ使うようになった。

プリキュアのシャツを着ようとした遊の脳裏に、その時のことが蘇ったことは想像に難くなかった。

「幼稚園がない日に着るから、捨てないで」

「このシャツ着てて実際に笑われたってわけじゃないんでしょ？」

「うん、違う。でも、たぶんサナちゃんたちがこれ見たら、笑うと思う」

「マイメロの時も話したけど、プリキュアを着ることは、恥ずかしいことでもなんでもないからね」

「わかってる。でも、笑われると悲しい」

「そっか。その気持ちはわかるから、幼稚園に着て行かないのはわかった。だけど、笑うほうがおかしいってことは覚えておいてね」

「うん」

私たちの家の中では、「女の子だから」「男の子だから」という理由でやってはいけないことやるべきことがあるという考えはおかしいという価値観がある。でも、遊が普段接しているお友だちの中には、正反対の価値観を持っている家庭で育っている子もいる。家庭だけでなく、おもちゃ屋さんでも洋服屋さんでも、男女で対象商品が分けられていることが多いし、普段接する大人たち、テレビやYouTubeなど、子どもたちが触れている社会の多くは、まだまだ「女の子だから」「男の子だから」を当たり前とするメッセージを発していることを考えると、意識的に子どもに働きかけをしていない限り、生まれたときに割り振られた性別でジェンダーを分けて考えることを子どもたちはどんどん内面化していってしまうのだろう。

私は、部落民というアイデンティティを重んじる家で生まれ育ったことで、家の中と外の価値観のズレに苦しんだ。それは、マイノリティ性を大切にすることが子どもを苦しめるということではない。そうではなくて、圧倒的にマジョリティが生きやすいように設計されている社会の中で、マイノリティとしての尊厳を捨てずに生きていこうとすると、ぶつからざるを得ない壁が多いということだ。子どもが普段接している家の外の社会で一般的だとされる価値観と、家の中の価値観が違ったとき、世間の価値観なんてくだらないと一刀両断するのは簡単だが、その狭間で苦しむのは親ではなく子どもだ。

「人が着てるものを見て笑うとしたら、その子のほうが間違ってるし、それを受け入れてプリキュアのシャツを着ないってことは遊もそのおかしさに屈してることになるんだぞ。堂々とプリキュアのシャツ来て幼稚園行ってこい！」

そう言いたい気持ちがないといえば嘘になるが、実際にそれを口に出すということはしたくなかった。それでも、遊が気持ちを押さえて世間の価値観に迎合することで、自分の大切なものを少しずつ失ったり、マイノリティ側を抑圧する側に回ってしまったりすることは避けたい。だから、遊の気持ちを尊重しながら私の気持ちも伝えるということを、今は繰り返している。私に確固たるポリシーがあってそうしているというわけではなく、現状それしか思いつかないから、迷いつつ……というのが正直なところだ。

「世間の価値観」に関しては、同じ時期に芹ともこんなやりとりがあった。ある日、お風呂上がりにソファでダラダラしていると、隣で同じくダラダラしていた芹が突然切り出してきた。

「ねえ、不登校ってダメなことなの？」

「芹はダメなことだって思ってるってこと？」

「よくわからないけど、なんか、そうなのかなって思ったから聞いてるの」

フリースクール生活をエンジョイしている芹に、わざわざ世間のネガティブな声を聞かせることもないだろうと今まで話してこなかったが、芹がストレートに問うてくれた以上、私も真摯に答えようと思った。

「私はそうは思わないけど、世間では不登校はダメなことだって思ってる人がたくさんいるのは事実だと思う。ほとんどの大人は学校に行っていた人だから、学校に行かないっていうことがどういうことなのか想像がつかないんじゃないかな。人は知らないことを怖がるものだし、たとえば自分の子どもが学校に行けなくなった時、このままじゃこの子の人生は終わってしまう、どうしても学校に行かせなきゃって思っちゃったって話は聞いたことある」

なるべく芹がこの話をフラットに聞いてくれるように、私は淡々と話すことを心掛けた。

「子どもの側も『みんなが当たり前にできてることが自分はできない』って自分のことを責めてしまうこともあるって聞いたけど、でも私は今の学校はすべての子どもが安心して過ごせる場所だとは思えないから、学校に拒否反応が出る子がいるのはおかしいことだとは思えない。逆におかしいことに気づけて反応できてるっていう意味では、その子はまともなんじゃないかなって思ってるところもある。フリースクールは勉強しないで遊んでばっかりで大丈夫なのかって思う人もいるみたいだけど、勉強はやろうと思えばいつでもできるし、学校に行ったからって勉強ができるようになるわけじゃないし、勉強ができるからって幸せになれるわけでもないしね」

本心を言えば、芹をフリースクールに入れることになった時、勉強は大丈夫なのか、不登校という選択が芹の将来に悪い影響を与えたらどうしよう、そういう不安はなくはなかった。しかし、五年が経ったこの時点では、私はもうそんなことは気にならなくなっていた。それは、芹の先輩たち、そして芹が、人としてとても真っ当に育っていること、それが何より大切なことだと、この五年で私が実感したからだ。

芹がまだ低学年の頃のある日の夕方、芹がフリースクールを出るくらいの時間にスタッフから電話がかかってきたことがあった。

「すみません、芹ちゃんのリュックが行方不明になってしまいまして。たぶん誰かがいたずらで隠したまま、隠し場所を忘れてしまったんだと思うんです。今探してるんですが、芹ちゃんがこちらを出る時間までにもし見つからなかったら、今日は手ぶらで帰ることになってもいいでしょうか」

スタッフやスクール生の持ち物を隠すいたずらが流行っていると芹から聞いてはいたが、リュックのような大きなものが見つからないなんて、なかなかの異常事態だ。しかし芹は特にショックを受けているわけでもなく、それでもいいと言っているということだったから、じゃあ手ぶらで帰してくださいと返事をすると、十分ほどして「見つかりました」と連絡が来た。

「リュックがないまま駅に向かってたら、『おーい、見つかったよー』ってスタッフが走って持ってきてくれたの」

帰宅した芹に事情を聞くと、芹がフリースクールを出てすぐにリュックが見つかったのだという。私はなんだか不思議に思っていたのだが、その裏で何があったのか、後日先輩スクール生の親御さんから聞くことができた。ものを隠すいたずらは、芹の後に入会してきた小学生数人の間で流行っていたのだそうだ。おそらくいつものノリで芹のリュックを隠したものの、隠した場所がわからなくなったか、もしくは思っていたよりも大ごとになってしまったからか、隠した子たちは言い出せなくなったのではないか。中高生の先輩たちは、小学生たちの動向をさりげなく見守りながらそう予想していたらしい。でもそこで、スタッフや芹以外のスクール生が騒ぎ出してしまうと、より大ごとになって隠した子が傷つくだろうと思ったという。

「ちびっ子が隠したとしたらとにかく下の方にあるはず。芹を手ぶらで帰すわけにはいかないから、電車に乗ってしまうまでに見つけよう」

リュックを隠したと思われる小学生たちと芹が一緒に、帰宅のためにフリースクールを出発した直後に、先輩たちは声を掛け合って一斉に探し、瞬時に見つけだしてくれたのだそうだ。芹だけでなく、隠したと思われる子の気持ちも慮《おもんぱか》る思慮深さ、フリースクール内で起きていることを他人事として無視しない誠実さ。人としてめちゃくちゃ真っ当で、真摯で、かっこいい先輩たちがここにはいて、それはきっと、不登校という経験をしたことや、このフリースクールで過ごしていることと無縁ではないと私は思っている。ここが合わない子だっているし、フリースクールに通うのはお金がかかるから、通いたくても通えない子だっている。芹が不登校の子どもの中でも特権的な立場にあるという優位性を考えると無邪気に言えることではないが、私はこのフリースクールに出会えてよかったし、ここが好きだ。

「前に、『芹ちゃんは頭もいいし、ちゃんとしてるし、なのにフリースクールに入れるなんてかわいそうじゃない？　だってフリースクールって不登校の子が行くところでしょ？　そんな子たちが行くところにわざわざ行くことなくない？』って言ってきた人もいたなあ」

そう話すと、芹は目を大きく見開いて驚きながら早口で畳みかけた。

「はあ？　全然かわいそうじゃないんだけど。毎日超楽しいし、今だって早く明日にならないかなって思ってるし。毎日動物園みたいに騒いでうるさくて、ちょっとはおとなしくしてよっていつも言われてるあの野獣たちが？　かわいそうなの？　全然かわいそうじゃないんだけど！」

「だからさ、勝手でしょ。そういうこと言う人たちって。外からさ、何も知らないのに勝手にそうやって決めつけたりイメージでものを言ったりするのよ。だから、そういう声を聞いたとしても、私はちゃんと知ってるし、経験してる。何も知らない人が勝手に言ってるんだなって思って、そういう声に囚《とら》われないでほしい。不登校がダメなことだって周りが勝手にそう言っててても、そういう声が大きく感じられたとしても、芹は自分で見て感じて知ってることを信じて生きていってほしい」

私が返すと、芹は目をごしごしとこすりながら言った。

「うん、あのね。もしこの先学校に行ってないことでつらい目に遭ったとしても、フリースクールに行かなければ良かった、学校に行けば良かったって思わない自信がある。それくらい、毎日すごく楽しい。あとさ、最近ね、周りのことは気にしないで自分がいいと思うことをして生きていくっていうのがいいなって思うようになってきた」

そう話す芹の横顔は凛《りん》としていて、とてもかっこよかった。

「寝た子を起こすな」とマイクロアグレッション

二〇一一年にBURAKU HERITAGEのサイトを立ち上げて、名前も顔も出して発信するようになってから、私のもとには講演依頼がコンスタントに舞い込むようになった。部落問題を「ない」ことにしてほしくないという想いから、依頼は極力引き受けるようにしてきた。ただ、話す内容はこの十年以上の間にずいぶん変化した。当初は、高校時代、総務庁に行って涙が堪えきれなかったときのように、声を震わせ、心の中の柔らかいところを差し出すような覚悟とともに自分が抱えてきたつらさについて話していた。そういうやり方しかできなかったし、自分が受けてきた「傷」について話すことで、聞いた人が何か感じてくれたらいい、という気持ちだった。しかし、次第に自分自身の経験についてのみ話すことはほとんどしなくなった。そういう形で話すことに意義を見出せなくなったからだ。

きっかけのひとつは、大学の授業などの場において、もともと部落問題に興味があるわけではない人たちを相手に話をすると、必ずと言っていいほど「寝た子を起こすな」論をぶつけられることだ。これは、寝ている子どもをわざわざ起こして泣かせる必要はない、つまり、余計なことをして問題を起こすなという意味のことわざに由来している。部落問題においては「部落差別はもう（ほとんど）ないのだから、このままそっとしておけば自然になくなる」という考え方のことだ。同じ時代に生きていても、見えている現実が違いすぎてその人たちには部落問題が「寝た子」に見えるのだろう。身を切るような思いで自分の体験を話したところで、こんなふうに突き放されると余計に疲弊するし、その他人事感に、腹も立つ。まだ、面と向かってそう言われれば、「その考え方はおかしいよ」と返すこともできるが、講演という一対大勢の、一回きりの一方通行の形式では、反応することも反論もできないことが苦しかった。

ひたすら悶々としていた時に出会ったのが、『寝た子を起こすな』大作戦」だった。大阪教育大学の教授（現在は退任）である森《もり》実《みのる》さんが考案したワークショップで、「寝た子を起こすな」の考え方、つまり、現状を放置し、差別について教えないことで、部落差別をなくすことが本当にできるかどうかを実際的に検証していくというアクティビティだ。「寝た子を起こさない」ためには、部落問題について既に知っている人、誰かに話している人に黙ってもらわなくてはならない。そこでまずは、どんな人や組織が黙る必要があるのかを思いつく限りリストアップする。部落の人、部落の周辺の人、教員、マスコミ関係者、研究者、同和教育を受けてきた人、部落問題に興味があって書籍などを読んだことがある人、さらに教科書の部落問題についての記述、インターネットの書き込み……。できるだけたくさん挙げて、次に、その人たちを全員黙らせるにはどうすればいいのかを皆で考える。私は何度か実際にこのワークショップをやっているが、全員を黙らせる方法を導き出した人は未だにいない。大抵の人はしばらく考え込んでから、「ああ、できませんね」とギブアップする。ときどき「部落について人に話してはいけないっていう法律を作ったらいいのでは」という意見が出ることがある。「じゃあ、その法律を知った人は『部落』について知ってしまいますが、どうしますか？」と尋ねると、そこで作戦は失敗に終わる。こうして具体的に考えていくと、「寝た子を起こすな」で部落差別をなくすのは不可能なのだということを理解する参加者がほとんどだ。

そして、その上で私がいちばん伝えたいことを話す。それは、部落問題について話す人を黙らせようとするこの考え方は、差別を受けて苦しんでいる人、誰かに相談しようとしている人、告発しようとしている人に「あなたが誰かに被害を話すことで、また新たに差別を受ける人が出てもいいのか」と口をつぐませることにもつながる、とても残酷な物言いだということだ。この言説を口にする人は、あまり深く考えずに言ってしまっているケースも多い。だからこそ、『寝た子を起こすな』大作戦」を知って以降、講演の際には簡単な部落問題の概要と歴史について説明した後、必ずこの一連の話をするようになった。

しかし、それだけではまだ足りない。「寝た子を起こすな」的な考えによくくっついてくる「部落差別について知らなければ差別しようがない」という言説も崩さなければいけない。そのためには、「連続大量差別はがき事件」を例に出すことにしている。これは、二〇〇三年から二〇〇四年にかけて、約一年半の間に東京の部落出身者を中心とする人々に嫌がらせのはがきが次々届いた事件だ。

「今日はあの人の家に届いた。次はうちかもしれない。一体誰が何の目的でこんなことをしているんだろう……」

当時私は既に実家を出ていたが、私も周りの人たちも、戦々恐々としながら毎日を過ごしていた。そんな中でも特に被害が集中したのが、私の両親の運動仲間でもあり、私も子どもの頃から知っているおじさん的存在であった浦本誉至史《よしふみ》さんだった。浦本さんの自宅には「殺す」「えたは人間ではない」「身元を暴いて住めなくしてやる」などと書かれたはがきが次々に届いた。最終的には百通近くにのぼったという。それだけでも相当ひどい犯行だが、浦本さんの場合さらに悪質だったのがアパートの近隣住民の家にまではがきが送り付けられたことだ。「浦本はえただ」「人間ではありません」「危険で恐ろしい奴」、そう書かれたはがきを受け取ったアパートの住民の中には、大家さんのところに「この人を出て行かせてほしい」と頼みに行った人が最終的には五人確認されたそうだ。その中でも執拗に大家さんに浦本さんの退去要求をし続けた人は、浦本さんと直接話をしたときに、次のように言い放った。

「いや、差別だなんて、そんな。おれはあんたに何も悪意はもってないんだよ。だいたい、あんたがどんな人間かなんてちっとも知らないし。でもさあ、突然あんなはがき何度かもらってさ、びっくりするしね、それに変なこと書いてあるからさ、できれば別のとこに移ってもらったほうがいいなって思っちゃっただけで、悪気はないんだよ、差別なんかしてないんだ、ぜん

ぜん。」（『連続大量差別はがき事件――被害者としての誇りをかけた闘い』浦本誉至史著、解放出版社より）

こんなはがきを理由に家を追い出そうとするのは差別そのものだと指摘する浦本さんに、この人はさらに続けた。

「おれはうまれてこの方、部落なんて見たことないし、だいいち東京にはそんなもんないしよ。見たことも聞いたこともないこと（部落差別のこと）をね、いえば『この世の中にない』ようなものをさ、どうしておれができるんだよ、できっこねえだろう」（前掲書より）

「知らない」ということは、だからこそ差別をしない・できないということではない。むしろこうして実情をよく知らないからこそ差別に乗っかり、新たな被害を生みだしてしまいかねないのだ。約一年半の犯行の末に逮捕された犯人は、もともと部落問題についてはよく知らなかったそうだ。だが、職場で「部落はタブーだ」と言われた経験から「知ってはいけないこと」なのだというネガティブイメージを持った。さらに、部落問題にまつわる、いわゆるヘイト本、スキャンダルや差別的な記述がある本をたまたま読み、知らなかったが故にその内容を信じ込んで反感を覚え、犯行に及んだのだという。知らない状態で悪意のある情報に触れ、それを信じてしまう人がいるということを考えると、知らないというのは差別をしなくて済むどころか、恐ろしいことだと言えるのではないだろうか。

こんな話をしても、「とはいえ、差別自体を良くないと思ってきちんと判断ができればいいのではないか」という意見が出てくることがある。だから、私はこの上さらに、マジョリティ特権の話もすることにしている。自分が特権を持っていることには気づきにくい。それ故に、知らないうちにマイノリティへの構造的差別に加担してしまうのだ。知らなくてもしてしまう差別や、知らないからこそしてしまう差別がある。だから、まずはきちんと知って、差別が「ある」社会構造をしっかり見ることができるようにしておかなければいけない。その上で、自分が何をすべきなのかを考えてほしい。

何年にもわたる試行錯誤の結果、ここまで説明して初めて、部落差別は他人事ではなく誰もが関わりのあることなのだという前提を会場全体で共有できると感じている。だが問題は、ここまでの説明をするだけでかなりの時間を要することだ。ここまで話して、満を持して私自身の経験について語ろうとしても、たいてい時間切れになってしまう。だから結果的に、じっくり自分自身の話をすることはほとんどなくなった。ただ部落差別の経験だけについて話をするということはできない。これが今現在の私の実感だ。それほど、差別について考える土壌が、今の日本社会にはないということなのかもしれない。

それでも、私は悲観したくはないし、希望もあると思っている。マジョリティ特権について教えてくれた出口真紀子さんが上智大学でマジョリティ特権について教えている「立場の心理学：マジョリティの特権を考える」という授業は、二〇一六年、学生が選ぶ「Good Practice

賞」を獲得したそうだ。自分が持っているマジョリティ特権について考える、いわば自分の加害性を突き付けられる授業を受けて良かったと思える学生たちが大勢いるのだ。何よりも、学生たちがそう受け止められるほどに完成度が高い授業・研究をしている人がいることに、私は心強さを感じた。

私は大学にも行っていないし、自分自身が何かの研究をしているわけでもない。学問という形で部落問題や差別の問題に触れたことはない。それでもこうして、誰かがどこかで積み上げてきた研究によって私は勇気づけられ、救われているのだなと実感することが、ここ何年かの間に複数回あった。

特に大きく影響を受けたのは、「現代的レイシズム」と「マイクロアグレッション」という概念を知ったことだ。現代的レイシズムは、二〇一七年に出版された『結婚差別の社会学』（齋藤直子著、勁草書房）で「新しいレイシズム」として紹介されていたことで知ることができた概念だ。より詳しく知りたいと手を伸ばした『レイシズムを解剖する』（高史明著、勁草書房）には、その定義がこう示されている。

【（1）黒人に対する偏見や差別はすでに存在しておらず、（2）したがって黒人と白人の間の格差は黒人が努力しないことによるものであり、（3）それにもかかわらず黒人は差別に抗議し過剰な要求を行い、（4）本来得るべきもの以上の特権を得ているという、四つの信念である（for a review, Sears & Henry, 2005)】

アメリカにおけるレイシズム、つまり人種主義の文脈から生まれた概念だが、部落問題に当てはめても違和感がないどころか、こういう差別の形があると明言されたことで私は救われた気持ちになった。

高校生の時、学校の廊下で教師に「部落差別なんて、もうない」と怒鳴られたあの経験、あのつらさを、私はどう位置付けていいのかずっとわからずにきた。明らかに心の傷になっている体験が、一見、部落問題の現状への見解の相違のような、部落問題への取り組み方への批判のような姿をしていたことから、明確な差別と言っていいのかわからなかったのだ。だがその後も、私は同じような言説を至る所で見聞きしては、傷つきながらも混乱してきた。しかし、これが差別の新しい「手法」なのだと知り、腑に落ちた。未だに解決していないにもかかわらず差別はもう解決しているとするのは「見解の相違」ではなく差別の隠ぺいだし、だからこそ「差別はある」と主張してなくしていこうとすることは批判されるべきことではなく、必要なことだ。反差別を訴えるのは「自分たちが得をしたいためだ」とすりかえることで、被害者を加害者扱いするなんて悪質だ。

また、「現代的レイシズム」の概念に出会うまで、私はこういう現象は部落問題に限ったことだと思い込んでいた。部落解放運動や同和対策事業に対する反発でこういう言説が出てくるのではないかと感じていたからだ。しかし日本社会を見渡してみれば、在日コリアン、アイヌ、女性、沖縄、障害者など、様々なマイノリティに対しても、とかく「特権がほしいだけだろ」

と、差別に抗う声を押さえつけようとする言説が溢れていることに気が付いた。挙げ句の果てには「逆差別」なんていう言葉まで出てくる有り様だ。私はマイノリティが差別に直面したとき、「傾向と対策」を知っているかどうかで受けるダメージに差が出ると感じている。「現代的レイシズム」という概念を知ってから私は、「ああ、このパターンの差別ね」と、状況を冷静に判断し、ダメージを最小限にとどめることができるようになった。

時を同じくして、私は「マイクロアグレッション」という概念にも出会った。見えないくらい細かい形で生活の中に紛れ込んでいる差別や偏見のことを指し、加害者側は自分が差別をしていると認識していないことが多い。たとえば日本で生まれ育った外国ルーツの人に向けられる「日本語上手ですね」という発言や、未だに街なかがバリアフルで車いすユーザーは健常者に比べると移動に時間がかかるといった環境などがこれにあたる。日々の生活の中に複雑に、しかし当たり前に存在しているがために、マイノリティからすると遭遇する頻度がとても高く、そのダメージの累積によって心身ともに大きなダメージを受ける。加えて、何が問題なのか、加害側は認識をしていないことがほとんどだから、被害を受けた側が説明を強いられたり、相手が理解してくれるのかどうかもわからないのに、わざわざ指摘して関係が悪化すると困るからと、結果的に我慢してストレスが溜まっていってしまう。この概念を知った時、「部落差別はもうない」「西日本にはあるけど東京に部落差別なんてもうない」「部落差別について教えるから差別が拡がってしまう」といった、これまで悪意なく言われ続けてきた言葉が次々と浮かんできた。

二〇二〇年には『日常生活に埋め込まれたマイクロアグレッション』（デラルド・ウィン・スー著、マイクロアグレッション研究会訳、明石書店）という本が出版され、私の中のマイクロアグレッションへの理解度をさらに上げてくれた。

この本の中にはマイクロアグレッションの三つの分類項目が登場する。ひとつ目は、意識的に行われる攻撃や軽蔑である「マイクロアサルト」。部落問題で言えば、「あの辺はガラが悪いから近寄っちゃダメ」のような言動が該当する。従来から「差別意識」として認識されてきたようなものだ。ふたつ目は、たいてい無意識に行われる侮辱や無神経さの表れである「マイクロインサルト」。たとえば「部落に住んでるということで差別されるなら、引っ越したらよくないですか？」と質問を受けること。その人なりの理由や事情があって住んでいる土地を、簡単に「引っ越せばいい」と言ってしまえるのは無神経さ故だし、好きな場所に住むというその人の尊厳を無視している侮辱でもあるのだが、私はとてもよく、「素朴な疑問」として悪気なく投げかけられる。

そして三つ目が、多くは無意識に行われる「無化」であるマイクロインバリデーションだ。よそ者扱いをすることや、マイノリティの感情や経験を否定したり、価値のないものとして扱ったりすることがこれに当たる。私は、このマイクロインバリデーションについて論じられている文章を読みながら、この本に「今まで大変だったよね」と背中をさすって労ってもらっているような感覚になった。この社会に部落差別があるにもかかわらず学校で部落問題について教えてもらえなかったこと。そもそも、「部落」という言葉が家の外では通じなかったこと。そうやって、「部落問題について知る必要性はない」とメッセージを送ってくる社会の環境。私が子どもの頃から感じてきたつらさは、まさにこのマイクロインバリデーションによるものだったとわかったからだ。しかも、マイクロインバリデーションは、当たり前に日常生活の中で存在し続けているうえ、それが差別だとわかりにくいためダメージも甚大で、三種類のマイクロアグレッションの中でも、受けるダメージはもっとも大きくなる可能性があるのだという。日々生活する環境から感じ取ってしまう無言の圧力によって、自分の尊厳が傷つけられ続けていると感じてきた私の経験が、アメリカに住む、会ったこともない人によって書かれている。もしかしてずっと監視カメラで見続けられていたのだろうかとすら思うくらい、自分の感じてきたつらさが、その重さが、言語化されていて驚いた。

講演や取材などで部落について誰かに話す際に、アイツラとの裁判に参加して以降、ネットに住所を拡散されたり嘘の情報を書かれたりしたことなどを話すと、多くの場合、「なんてひどい話だ」という反応をされる。もちろんそれはひどいのだけど、普段接する人のほとんどが、部落問題なんて過去のこと、自分には関係のないこと、取り組む必要がないことだと、悪意なく部落差別を無化することも、私にとっては同じように、いや、それ以上に苦しいことだ。それが当たり前の中で毎日生活しなければいけないのは「些細《ささい》なこと」「大したことない話」と、なかなか理解されることはない。それでも、こんなふうに研究としてきちんと証明されて、自分のつらさをわかってくれる人がいること、わかってもらうためのツールがあるのだという安心感のような気持ちが今はある。現代的レイシズムにしろ、マイクロアグレッションにしろ、こうした研究がなければ私は自分のつらさを証明することは難しかっただろう。つらさをつらさとしてそのまま受け取ってもらえないことの苦しさが、マイノリティにはある。その中でよく今まで生きてきたなと自分で自分を労う気持ちにもなったし、こんなふうにこんな形で救われることがあるのかと、しみじみと人生は面白いと感じた。

「部落ルーツですっ！」

「海賊は、しましまの服なんだよ」

幼稚園のおゆうぎ会で海賊役に決まっていた遊が、クローゼット前でそう言い出したのは、本番二日前のことだった。

おゆうぎ会では、担任の先生が作ってくれた海賊の帽子とベルト以外は、家にある服を自由に着ることになっているのだが、どうやら友だちと「海賊の服といえばしましまだ」という話になったらしい。私は慌ててクローゼットをひっくり返し、ピンクとベージュのボーダー、不規則な幅の紺と緑のボーダー、という二種類のTシャツをなんとか探し出した。着ては脱ぎを繰り返した結果、遊は、紺と緑のボーダーを選び、私はそのTシャツと、ベージュのパンツをきれいに畳んで、おゆうぎ会の日に着ていく用にクローゼットの目立つ場所に置いておいた。

しかし翌日、クローゼットの前に立った遊は、ピンクとベージュのボーダーを取り出してスッキリしたような顔で言った。

「やっぱり、ピンクにする」

「どうしてこっちにするの？」

「ピンクだと、またサナちゃんたちが笑ってくるかなって思ったの。でもやっぱり、こっちのほうが海賊っぽいから、こっちがいい」

マイメロディのリュックを笑われた傷は、遊の中でまだ癒えていないようだ。それでも、遊のイメージする海賊に近いものを着たいという想いから、今回は考え直したらしかった。

そして迎えたおゆうぎ会当日、舞台の上に現れた海賊たちの半分くらいはボーダーの服を着ていて、そのほとんどは黒と白の配色だった。それでも特にピンクが目立つというわけでもなく、遊も緊張と興奮で周りのことはもはや気にしていないようだった。

「おゆうぎ会終わった後にね、『海賊役の子たち、ボーダー着てる子が多かったけど、みんな白黒だった中で、遊くんが着てた色すごく良かった』って言ってくれたお母さんがいたよ」

ママ友からの声を伝えると、遊はニッコリと満足そうに笑った。

育児は積み重ねだ、と改めて思う。伝えたいことをストレートに伝えたとしても、子どもに一発で伝わることなんてほとんどない。繰り返し繰り返し、少しずつ少しずつ。「新しくおもちゃを出すなら前に使ったものをしまってから」のように、いくら言っても伝わらないこともあるし、こんなふうに、気づいたらどうやら伝わっていたということもある。繰り返し伝えることが、プレッシャーになり、呪いのように子どもたちを覆いつくしてしまうのは避けたいが、すべては手探りだし、そのバランスをどうとっていいのかは、正直わからない。悩みながら、振り返りながらも、凄まじい勢いで成長していく子どもたちに向き合う日々を私は過ごしている。怖くもあり、楽しくもある。それは、部落に関しても同じことだ。ある時、突然遊にこんな質問をされた。

「ねえ、なんで塩って撒《ま》くの？」

私が口を開く前に芹が答える。

「塩撒くと浄化できるとかそんなでしょ」

妖怪や魔術が出てくるアニメにハマっている遊は、敵に塩を撒く描写をたびたび目にするそうだ。相撲中継を見ていても、塩を撒いている。そこに何の意味があるのかと疑問を持ったらしい。

「『穢《けが》れ』ってわかる？『汚れてる』みたいなふうに使うでしょ。あの穢れを、塩は『清める』って、浄化できる力があるみたいに言われてるの。科学的な理由ではなくて、言い伝えみたいなやつね。たとえばお葬式に行ったら、家に入る前に自分に塩を撒いて自分を清めるみたいな習慣もあって、お葬式に行くと塩が配られることもあるの。どんな宗教かにもよるんだけど。なんでお葬式に行くと穢れるのかっていうと、死ぬとか、血とか、そういうことに触れると自分も穢れるっていうふうに昔は考えられてて、まだそれが残ってるからなのね。だから死に触れたから、塩で清めるっていう、そういう意味があるらしいの。でね、このことは私たちにも深く関わることで、ママとか君たちのご先祖様はさ、そういう穢れているとされてた人たちなの。『部落』って、よくママが仕事とかでいうやつね。たとえば大きいじいじは皮を革にする仕事をしてたけど、それも死んだ牛の皮を使うし、そういうふうに死に関わる仕事をしてたでしょ。だから、どっちかっていうと、ママのご先祖は、塩撒かれる側っていうか。それで、多くの人が暮らしてるところから離れたところに住まわされたりとかしてたわけ」

芹にはときどき部落について話してきたが、遊にこうしてはっきりと伝えたのは初めてだった。遊は一年生になっていた。特に意識したわけではないが、芹に「ぶらくもんだい知ってるよ」と突然表明をされて慌てて部落の説明をした時も、そういえば一年生だった。

「あとね、女の人には生理ってあるじゃん。血が出るじゃん。それも血だから穢れってされて、相撲の土俵は神聖な場所だから女の人は上がれないみたいなこともあるの。前に相撲で優勝した人に優勝カップを渡す役を女性がやろうとしたらダメって言われて、代理の男の人がやったことがあったんだよ。少し前にも行司さんが突然土俵の上で倒れて、それを見てたお客さんの看護師の女性が応急処置をしようとして土俵に上がったら、『女の人は土俵から下りてください』ってアナウンスが流れたってこともあって、どっちもすごく批判はされたけど、結局女性は土俵に上がっちゃダメっていう風習はまだ残ってる」

そう続けると、芹は顔をしかめながら怒った。

「え、何それ。なんでそんなこと言われなきゃいけないの」

その隣で遊は突っ伏して泣く真似をし始めた。

「えーん、遊は男の子だよー」

「え、それは何泣きなの」

私が尋ねると、芹が解説してくれた。

「遊は男で、そうやって差別する側に自分がいるってことが悲しいって言ってるんでしょ？」

遊は、顔を上げてうなずいた。ただその属性であるだけで差別を受ける人たちがいるということを知った時、自分はその属性ではなく、逆に加害側の属性を持っているのだということにまだ一年生の遊が思い至ったことを知り、私はじわじわと感動した。自分が差別される側じゃなくて良かったと安心するのではなく、悲しいと感じたことにも。

「遊、そうやって差別する側にいるのが悲しいことだって思うなら、そっち側にいるからこそ、差別をなくすためにできることをするんだよ」

そう話してみたものの、遊はハテナマークが頭の上に浮かんでいるような表情をしていて、ピンときていないようだった。すると芹が言った。

「だからさ、差別する側こそが、差別をなくそうって努力しなきゃいけないの」

こちらは少しずつ、でも着実に差別について、人権について、社会について、理解を深めてくれていっているようだ。

それから少し経った頃、今度は地上波のテレビで部落問題をテーマにした番組が放送された。NHKの『バリバラ』だ。放送されたのは我が家ではちょうどお風呂から上がって就寝の準備をする時間だったため、子どもたちと一緒に歯磨きをしながら見始めた。

「スタジオには今日も、部落ルーツの方々に集まっていただきました」

司会者がそう紹介したゲストの中には私の友人でもあり、北芝でよく会う人たちが並んでいた。それを見た遊が聞いてきた。

「部落ルーツってなに？」

「穢《けが》れてるって言われてた人たちをご先祖様に持ってる人のことだよ。私も部落ルーツ。じいじも、ばあばもそうだし、だから、芹も遊も部落ルーツってことになるね」

すると遊は目を真ん丸くして驚いていた。

「え？　遊も？　部落ルーツなの？」

「うん、そうだよ」

私がそう返事をすると、遊はいきなり椅子の上に立ち上がって踊り始めた。

「部落ルーツですっ！」

「部落ルーツですっ！」

「部落ルーツですっ！」

予想の遥《はる》か上をいくリアクション……。なんともいえないポーズの踊りを見上げて、私も思わず笑った。いつか遊もそれが社会的に何を意味するのか理解する時がくるだろう。だから、最初くらい、こんな感じでもいいのかもしれない。

ナマケモノなりのやり方で

アイツラとの裁判は、二〇二一年九月に地裁判決が、二〇二三年六月には高裁判決が出されている。どちらも、一部を除いた部落の所在地情報の公開差し止めや削除、多くの個人の原告に対する損害賠償の支払いを命じるものだった。しかし、自ら広く部落出身者だとカミングアウトしている原告については賠償から除外された。私もそのひとりだ。確かに私は広くカミングアウトしているが、それはアウティングや差別扇動をするサイトに掲載されてもいいということとイコールではない。部落差別のある社会の中で部落出身者だと公表しているのなら、差別されても仕方ないでしょと裁判所から突き放されたような気がした。判決からは、アウティングのようなわかりやすく卑劣な行為に対してはノーを出すけれど、部落問題の抱えている複雑さや差別の本質については理解する気なんてないという態度を感じた。社会の写し鏡そのものだ。

地裁判決の後、私はいくつかの取材を受け、アイツラについてどう思うかと何度か尋ねられた。もちろん彼らの行為は許されるものではないし、憤りもある。でも正直、私は彼ら個人にはあまり特別な感情が湧かない。それよりも、彼らの行為を無意識に下支えしている、つまり、単なる好奇心から部落の所在地を知ろうとしたり、部落問題に無関心だったりする人たち、それを許容する社会とそういう社会構造に対して強い憤りがある。特定の誰かの行為を止めさせたところで、差別を下支えしている人たちや差別を作り出し維持している社会が変わらなければ、差別は再生産され続けるからだ。

私には今、愛してやまない時間がある。夜寝る前に子どもたちと布団に寝ころんだ後にスタートする、おしゃべりタイムだ。いつ頃から始まったのかもう覚えていないが、長いと一時間以上話が止まらずに「ヤバい！　もうこんな時間だ！　黙ろう」と慌てて眠ることも珍しくない。差別について、部落について、人間関係の悩みについて真剣に話すこともあれば、しりとりをしたりクイズを出し合ったり、他愛のない会話をすることもある。以前、子どもたちと私、それぞれを動物にたとえるとしたら何かという話題になった時、芹はバンビ、遊は豆柴、それぞれかわいい動物が挙げられていく中、私は「ナマケモノ」だった。家の中では基本的にダラダラしていて睡眠時間も長いからだそうだ。

「でもさ、私やる時はちゃんとやると思うんだけど」

私が不服を申し立てると、動物モノのテレビ番組をよく観ている芹が言った。

「ナマケモノって実は凶暴なんだよ。いつも寝てばっかりだけどやる時はやるの。ね、多実にぴったりでしょ」

遊も芹の意見に同調した。いつもは寝てばっかりだけどやる時はやる。どうやらこれが子どもたちの私への評価らしい。確かに私は、家ではいつもダラダラゴロゴロしている。そういう姿を見続けている子どもたちが、それでも私のことをやる時はやる人だと思ってくれているのだとしたら、とても嬉しい。ある時期から、芹は事あるごとにこう伝えてくれるようになった。

「多実のこと、かっこいいと思ってるよ」

ならば、ナマケモノにたとえられるのは、光栄なことかもしれない。ちなみに、子どもたちはいつからか私のことを「ママ」や「お母さん」ではなく「多実」と呼ぶようになった。最初は遊が気まぐれで呼び始めたのだが、いつしか定着し、今では芹も私のことを名前で呼ぶようになった。代名詞ではなく名前で呼び合うことが親子であっても個人として尊重しようとする意志の表れ、というようなかっこいい動機ではなく、たまたまそうなったに過ぎない。でも、自然にこう呼ばれるようになったという経緯も含めて、私は子どもたちに名前で呼ばれることを気に入っている。

子どもたちが、私のことをやる時はやると思ってくれているのは、おそらく私がしている仕事の様子を、メディアを通じて間接的に見ているからだ。しかし、子どもたちが普段接している友だちの保護者とは違い、メディアに出たり、裁判の原告になったり、講演をしたり、文章を書いたりしている私のことを、子どもたちはどう思っているんだろう。子どもの頃、親の仕事を友人にうまく説明できなかった経験を持つ私としては、気になるところだ。やっぱり言いづらかったりするのだろうか。そんなふうに思っていたある時、芹に訊ねられた。

「多実の職業ってなんなの？」

フリースクールで友人たちと自分の家族について話をすることがあるらしく、「多実は、締め切りが重なって焦ってる」「今日は夜、多実が研修の仕事でいないからばあばの家に行く」「今頃、多実は家で撮影してる」なんて話をすると不思議がられるのだそうだ。

「多実がやってることは、部落のことで共通してるってのはわかるよ。でも、じゃあ職業としてはなんになるの？」

「いやホント、わからないよね。自分でもなんて人に説明していいかわかんないもん。とりあえず、自分が聞かれたときはフリーランスでいろいろやってる、とか言ってるけど、職業としては？　って聞かれちゃったらもう、ひとことじゃ説明できないよね」

私自身もどう説明していいのかわからないことを白状した。

ただこの会話の最中、実は私の頭の中にひとつの単語が浮かんでいた。「活動家」だ。部落解放運動の活動家である両親との意見の違いからくる反発心が私にはあり、それゆえに自分を「活動家」とだけは自称しまいと思ってきた。しかし昨今、活動家というものが、なんだかとても過激で胡散臭いもののように扱われ、冷笑されるような言説を目にするようになった。何らかの社会的な活動をしている人からも、自分が活動家と呼ばれることを忌避している様子を見聞きする。しかし、当たり前には人権が守られていないこの社会の中で、少しずつでも人権が守られるようになってきているのは、様々な分野の人権活動家たちがいたからだ。私自身は部落解放運動に違和感があって離れた身ではあるが、この運動があったから、そしてそこで動き続けた多くの活動家たちがいたからこそ、今の生活、今の私があるのだと思っている。活動家バッシングのような風潮には抗いたい。それなら私も今、敢えて「活動家」と名乗ることもアリなのではという考えが頭をよぎった。しかし、そう考えてみると今度は、私なんぞが活動家と名乗るのは、おこがましすぎる気がして、頭の中でその考えを打ち消した。

どういう人が活動家と定義されるのかはよくわからないが、私の中では、問題解決のために必要なことをするのが活動家だ。しかし、私は自分がやれることの中でやりたいことしかやっていない。活動家と名乗ろうとしたらまったく胸を張れる状況ではない。かといって、じゃあ問題解決のためになんでもやろうという気持ちがあるのかと言えば、ない。やりたくないことを無理に続けて疲弊して、部落問題に関わることが嫌になってしまったら本末転倒だと考えているからだ。これは私なりに考えた末の工夫ではあるのだが、「活動家」と名乗るには甘々だ。子どもの頃から常に臨戦態勢で、部落問題において頼れる人や「大丈夫だよ」と言ってくれる人がいなくて苦しかったことを考えると、やっと甘えたことができるようになったのだから、このままでいたいという想いもある。だから、自分の職業を何と表していいか、やっぱりわからない。

芹と同じフリースクールに通い、三年生になった遊は最近部落に興味津々だ。これから出かけようという玄関で突然呟いたこともあった。

「遊ね、部落好きだよ」

「なんでそう思うの？」

なんで今？　ここで？　突然？　とも思いつつ聞いてみると、

「なんか、部落っていう響きがかっこいい。ブラックみたいで。戦隊とかでもブラックってかっこいいキャラじゃん」

相変わらず予想を超えてくる返答だったが、ネガティブイメージを持つよりはいいかと受け止めることにした。しかしまた別のある日には、私の姉の子ども、つまり遊にとってのいとこに部落の話をしたという報告を受けた。

「『遊たちって、部落じゃん？』って言ったらね、『え？　なにそれ？』って感じだったから、ほら、家庭の事情とかいろいろあるでしょ。だから、それ以上は言ったらいけないのかなって思って。そこで部落の話はやめといた」

姉が部落のことを子どもに伝える意思があるのかないのか、どう考えているのかはわからないから、この話を聞いた時は焦ったが、いとこのリアクションを見て遊も何かを察したようだった。子どもの頃の私が「翻訳すること」を覚えていったように、遊も少しずつこうやって社会の複雑さに出会っていくのだろう。マイノリティ性が強くなくても、生きていく中でつらいことはきっとたくさんある。でも、マイノリティ性が強いということは、そこに上乗せされてつらい思いをする可能性が高いということだ。芹や遊を見ていると、この子たちにはそんな思いをしてほしくないという願いと、でも、きっとそういうわけにはいかないのだろうという現実との間で苦しくなることがある。「差別に負けるな」なんてやっぱり私は言えない。そもそも、差別への対処は勝ち負けで判断するようなことではない。私は子どもたちを「強い」とされるような言動ができるように鍛えなくても生きていける社会をつくりたい。子どもを変えるのではなく、社会のほうを変えていきたい。ナマケモノなりに、私なりのやり方で。

「今日ね、ジンくんに遊が部落だって話したの」

夕食中、遊がふと思い出したように、年上の友だちの名前を出して、そう言った。いとこのことではめげずになかなかアグレッシブに攻めているようだ。

「遊が部落なんだって言ったら、ジンくんは『へえ、そうなんだ〜』って感じだったの？」

「ううん。わかった！　って言った」

「ジンくん、部落のこと知ってたの？」

「違う。何それって言って、スマホで調べたら、それ読んで、なるほど、わかった。って言ったの」

インターネット上での差別のひどさを身に染みてわかっている私としては、ジンくんがどんなサイトを見てどう「わかった」のか不安もある。しかし、二〇一六年、アイツラとの裁判が始まったのと同じ年に成立、施行された「部落差別解消推進法」以降は、少しずつ悪質なサイトが検索の上位に出てくることは減ってきているし、「わかった」というジンくんのリアクションからは、そんなにおかしなサイトを見たわけでもなさそうだと推測できた。

「ところでさ、遊は部落が何かってわかるの？　わかってて、ジンくんに話したの？」

ブラックみたいでかっこいいなんて発言をしていた不安から、恐るおそる尋ねると、また想像の上をいくリアクションが返ってきた。

「けーがーれーてーるーひーとー！」

遊がまるで、ドラえもんの「ターケーコープーター！」みたいなテンションで言うから私は思わず笑ってしまった。それでも、以前私が話したことはちゃんと覚えているらしく、少しずつ遊の中に蓄積していっていることを感じてほっとした。

「けがれてる人じゃなくて、けがれてるって勝手に言われちゃってた人ね」

念のためそう確認すると、

「うんうん、その辺はわかってるって！」

私の肩をポンポンと叩きながらわざと目を細めて笑うから、私も少し呆れながら、一緒になって笑った。

おわりに

部落出身者として何をどう考えながら子育てをしてきたのかを本にしないかと、里山社の清田麻衣子さんから打診をされたのは、二〇一九年の終わりのことだった。Facebookの友人限定公開で私が日々綴っていた子どもたちとのやり取りを、もともと友人であった清田さんが読み、声を掛けてくれたのだった。友人限定とはいえ、子どもたちのことをSNSにアップする行為は、子どもの人権という視点で考えればあまりよろしくない。素直に白状すれば、当初私にはそんな意識すらなかった。だが、二〇一二年以降、主に使うSNSをmixiからFacebookに移行し、その後、SNSと子どもの人権についての議論が耳に入るようになってからも、私は子どもたちのことを書き続けた。Facebookでの友人は差別や人権の分野に関わっている人が多く、そういう人たちに私たちの事情を理解した上で、子どもたちの成長をともに見守ってもらいたい、もし子どもたちに何かあった時に、私以外にも子どもたちをフォローしてくれる人をひとりでも増やしたいという想いがあったからだ。ただもちろん、何か重大な理由がありさえすれば、子どもの人権を侵害しかねない行為をしていいということにはならないのだが。

しかも、それを書籍化するとなると、話はまた違ってくる。人権や差別についてどの程度の知識があるのかわからない不特定多数の人に向けて発信することになるのだ。子どもたちのことを温かく見守ってくれる人ばかりではないということは容易に想像がつく。清田さんから出版の打診を受けた私は、帰宅してすぐに子どもたちに相談した。

「君たちとのことを本にしない？ って話をもらったんだけど、どう思う？」

「いいじゃん！ やれば！」

思いがけない提案だったと思うが、二人ともすぐに快諾してくれた。とはいえ、当時芹は小学五年生、遊は幼稚園の年長だ。自分たちに降りかかるかもしれないリスクを的確に見積もって判断してくれたわけではないだろう。子どもたちがいいと言ってくれていても、最終的な責任は私にあるのはもちろんだし、リスクを承知で出版しようと決めたのは、結局のところ私のエゴだ。

子どもたちとの生活はFacebookにベースとなる投稿が残っているし、私自身の子ども時代のことを新たに書き下ろす必要はあるけど、一〜二年あれば書ききれるんじゃないかという当初の見立ては完全に外れ、結局出版までに、まる四年もかかってしまった。

コロナ禍での休校やそれに伴う子どもたちのケア、私自身の離婚など、執筆どころではないアクシデントがあったこともそのひとつの理由ではあるが、何よりも、自分の過去を振り返り、整理し、なるべく誰にでも伝わるように説明するという作業は、想像以上にしんどいものだった。「マジョリティ側にわかるように自分のつらさを説明し続けなければいけない」ことが私の感じてきたつらさの大きな一因だったのに、それを自ら改めて追体験する羽目になってしまったのだ。打診を受けた時点で気づけよ、と自分に突っ込みたいところではあるが、良き理解者たちに囲まれて日々を過ごしている現在の私は、書き始めるまでそのことにまったく気づかなかった。特に前半の学生時代に関しては、傷口をあえて自分からまた開きにいくような怖さと痛みがあった。

後半になると、今の私の人生をともに彩ってくれている友人たちとの出会いや学び、大好きな子どもたちについて書けることに喜びを感じつつも、一方でその人の人生の一部分だけをこうして切り取り、私の解釈の元で表現してしまうことへの申し訳なさが押し寄せてきた。特に子どもたちに対しては、書き終わったものにも目を通してもらっているが、後になって「やめておけばよかった」と考えが変わる可能性も大いにあり得るし、これ見よがしに「親の願い」を表現されることが嫌だった私が、子どもたちに文章をチェックしてもらう過程で結局子どもたちに私の願いや親としての想いを提示してしまっているという矛盾もある。

それでも最後まで書ききることができたのは、自分の経験を、私のような存在を、これから子どもたちが抱えていくかもしれない問題を、部落差別を、「ない」ことにされたくないという気持ちが強く、大きいからだ。これは、私のど真ん中にある怒りでもあり、希望でもある。

学生時代の私は、社会からの溢れんばかりのマイクロアグレッションを浴びまくり、生きていくということはなんて大変なんだろうと日々絶望していた。まだ十数年しか生きていなくてもこんなにつらいことが多いのに、この先何十年もそんな人生を生きていくことになるなんて耐えられない、早めに寿命を迎えてこの苦しみから解放されたい、そんなことも思っていた。でも、「ないことにされてたまるか」という想いをないがしろにせず、もがいてもがいてやっと手に触れたものを必死につかみ、新たな出会いや学びを得ては、またもがく、そんなことを繰り返すうちに、心を許して翻訳なしで話せる友人は増えていき、自分が感じてきた苦しさが何だったのかを理解できるようになっていった。今は自分の人生が彩りに満ち溢れた豊かなものになっているという実感があるし、死ぬのが怖くて仕方がない。

差別や人権というものに対して、堅苦しいとか暗いとか、胡散臭いものというイメージを抱いている人がいることを、この社会の中で生活していれば否応なしに認識させられる。でも、講演や研修などの後に、「差別を生み出す社会のしくみを知ったことで、自分が抱えていたモヤモヤや苦しみの原因がわかった」とすっきりとした顔で会場を後にする参加者たちに私は今まで幾度も出会ってきた。この社会には、「自分は差別されていない」と思い込まされて苦しみを抱えたままの人がきっとたくさんいるのだと思う。差別や人権について考えるのはネガティブなことではまったくないし、向き合うからこその幸せが確実にある。だから私は、部落差別なんてもうないと思っている人たちに「〈寝た子〉なんているの？　本当に？」と問いたい。

それをきっかけに一緒に現実をしっかり見つめて、可能ならば少しずつでもいいから社会を変えていこうと言い続けたい。

最後に、あらゆる形でこの本に関わってくれた皆様に心からのお礼を申し上げます。ここで書かれていることは登場してくださった方たちのごく一部でしかないし、あくまでも私が接した当時のものであり、今とは状況や考えが変わっていることもあることはくれぐれもご理解ください。カタカナ表記のお名前と、芹、遊は仮名です。

四年という長きにわたり、スローペースな私にずっと伴走してくださった里山社の清田麻衣子さんには感謝しかありません。清田さんと知り合ったのは、里山社から出版された佐藤真さんの仕事を振り返るアンソロジー『日常と不在を見つめて ドキュメンタリー映画作家 佐藤真の哲学』の刊行を記念して開催された、二〇一六年の佐藤真さん作品の上映会でした。しかしそれから程なくして、実は私たちはそれより十五年前に一度出会っていたことが判明しました。私が初めて佐藤真さんに会い、映画美学校への入学を決めたワークショップに、清田さんも参加していたのです。当時互いに学生だった私たちが、それぞれの人生を歩みながらまた出会いなおし、こうして今ともに仕事をしている不思議な縁と喜びをしみじみと感じています。

そしてなにより、二人の子どもたち、ありがとう。実を言うと、二十代前半、映画から離れた後、私は自分にしっくりくる部落問題の表現方法を模索しつつ、「もう何が起こっても自分なりに対処していける気がするし、部落問題について積極的には動かないという選択もあり得るのでは」という気持ちも持っていました。でも自分が親になったことで、この子たちが生きていく未来の社会のことを真剣に考えていかなければいけないと思い直せたのです。そこからBURAKU HERITAGEを始めることになり、人生がどんどん楽しくなっていったのだから、二人は私にとって大恩人です。執筆中、過去のつらかった記憶に潜って苦しくなっていたとしても、二人が元気に帰宅してくれることでいつも日常がポンッと戻ってきて、そのことに何度も助けられました。この文章を書いている今は、リビングのテーブルの向かいでは芹がYouTubeから流れてくる音楽に合わせてベースを弾いているし、ソファに座っている遊はやっぱりYouTubeを流しながらゲームをしています。そんな騒がしさの中で集中して原稿に向き合うのは難しいことではあるけれど、でもこの騒がしい日常を愛しているからこそ、私はこの本が書けたのだと思っています。

参考文献

『これでわかった！ 部落の歴史私のダイガク講座』上杉聰著（解放出版社）
『これでなっとく！ 部落の歴史続私のダイガク講座』上杉聰著（解放出版社）
『入門 被差別部落の歴史』寺木伸明・黒川みどり著（解放出版社）
『近代部落史——明治から現代まで』黒川みどり著（平凡社新書）
『戦後部落解放運動史——永続革命の行方』友常勉著（河出ブックス）
『日本共産党VS.部落解放同盟』筆坂秀世・宮崎学著、にんげん出版編集部編（モナド新書）
『部落問題と向き合う若者たち』内田龍史編著（解放出版社）
『であいがつながる人権のまちづくり 大阪・北芝まんだら物語』北芝まんだらクラブ編著（明石書店）
『ふしぎな部落問題』角岡伸彦著（ちくま新書）
『真のダイバーシティをめざして——特権に無自覚なマジョリティのための社会的公正教育』ダイアン・J・グッドマン著、出口真紀子監訳、田辺希久子訳（上智大学出版）

『バーバパパのがっこう』アネット・チゾン、タラス・テイラー著、山下明生訳（講談社）
『結婚差別の社会学』齋藤直子著（勁草書房）
『レイシズムを解剖する：在日コリアンへの偏見とインターネット』高史明著（勁草書房）
『日常生活に埋め込まれたマイクロアグレッション――人権、ジェンダー、性的指向：マイノリティに向けられる無意識の差別』デラルド・ウィン・スー著、マイクロアグレッション研究会訳（明石書店）
『連続大量差別はがき事件――被害者としての誇りをかけた闘い』浦本誉至史著（解放出版社）
『被差別部落マイノリティのアイデンティティと社会関係』内田龍史著（解放出版社）
「月刊 Views」一九九五年九月号「報じられなかった阪神大震災と被差別部落」角岡伸彦著（講談社）
「部落解放」一九九四年十一月号「特集統一応募用紙と就職差別」（解放出版社）
「部落解放」二〇一四年七月号「特集 私の部落解放運動」（解放出版社）
「ヒューマンライツ」二〇二二年二月号「特集 部落地名裁判と『差別されない権利』」（部落解放研究所）

上川多実（かみかわ・たみ）

1980年東京都生まれ。関西の被差別部落出身の両親のもと、東京の部落ではない地域で育ち、同和教育を受けることもなく、周囲に「部落」という言葉も通じない環境のなか、自分なりの方法で部落問題について向き合うようになる。佐藤真監督のもと、映画美学校でドキュメンタリー映画制作を学び、2000年、両親と自らの葛藤にカメラを向けたドキュメンタリー映画『ふつうの家』を発表。【「わたし」から始まる「部落」の情報発信サイト「BURAKU HERITAGE」】の運営メンバーのひとりで、現代の見えづらい部落問題について、講演や展示などの活動を行う。家庭では2児のシングルマザーとして子どもたちに「部落」をどう伝えたらいいのか悩みながらも実践中。特技はダラダラすること。趣味は韓国ドラマを観ることとDIY。本書が初の単著。

〈寝た子〉なんているの？
――見えづらい部落差別と私の日常

二〇二四年二月九日　初版発行
二〇二四年五月二一日　二刷発行

著　者　上川多実
発行者　清田麻衣子
発行所　合同会社里山社
〒八一二-〇〇一一
福岡市博多区博多駅前二-十九-十七-三一二
電　話　〇八〇-三一五七-七五二四
ＦＡＸ　〇五〇-五八四六-五五六八
https://satoyamasha.com

装　丁　名久井直子
装　画　花松あゆみ
組　版　有限会社トム・プライズ
印刷・製本　モリモト印刷株式会社

ISBN 978-4-907497-20-0 C0036